CARTE

DE LA PROVINCE

DU

KIANG-SOU

au 200.000ᵉ

PAR LE **P. HENRY DUGOUT**, S. J.

CHANG-HAI

IMPRIMERIE DE LA MISSION CATHOLIQUE

A L'ORPHELINAT DE T'OU-SE WÉ

1922

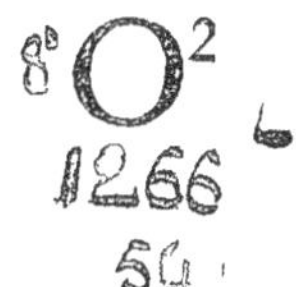

VARIÉTÉS SINOLOGIQUES N° 54

CARTE

DE LA PROVINCE

DU

KIANG-SOU

au 200.000ᵉ

PAR LE P. HENRY DUGOUT, S. J.

CHANG-HAI

IMPRIMERIE DE LA MISSION CATHOLIQUE

A L'ORPHELINAT DE T'OU SÈ-WÈ

1922

PROVINCE DU KIANG-SOU

Carte au 200.000ᵉ

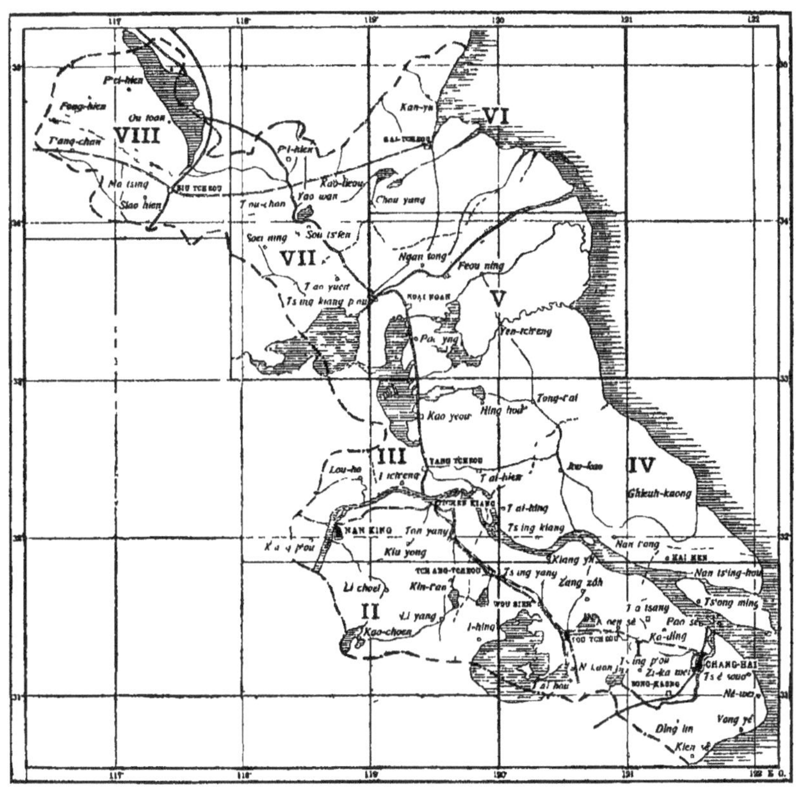

TABLEAU D'ASSEMBLAGE

DES HUIT FEUILLES

DEVANT COMPOSER LA CARTE ENTIÈRE.

INTRODUCTION

La carte dont j'offre aujourd'hui la première feuille au public représente, sous des apparences bénignes, une somme de labeurs qu'on aura peut-être quelque peine à s'imaginer.

C'est, en effet, bien au-delà de l'auteur actuel que remonte la série des efforts tentés pour doter ce coin de Chine d'un travail présentant une valeur géographique. Alors que les spécialistes européens se contentaient de reproduire, en les accommodant à leur manière, les élucubrations fantaisistes de la cartographie chinoise; alors que, même sur place, les plus osés se risquaient à plagier les publications, déjà très en progrès, de Li Fong-pao, quelques missionnaires catholiques, en ressentant par suite de leur séjour dans le pays un besoin particulièrement pressant et utilisant leurs aptitudes spéciales, s'ingénièrent à ouvrir une nouvelle voie. Les deux principaux furent, sans contredit, le P. Aloïs Pfister (1833-1891) et le P. Auguste Pierre (1856-1910).

Le premier réussit, aux environs de 1877-1885, à faire reproduire par les presses alors encore rudimentaires de notre Orphelinat, une collection de cartes très détaillées et à grande échelle de la région comprise entre la mer (Ts'ong-ming 崇 明 inclus) et Tchen-kiang 鎮江.

Ce n'était là encore qu'un travail de copie, entièrement en chinois, sans relevés sur le terrain, mais si dégagé de tout le fatras antérieur que c'est encore ce qu'il y a de plus net comme cartographie de la région à ce jour.

L'œuvre du P. Pierre fut sensiblement plus personnelle, mais, pour des raisons que j'ignore, demeura moins compréhensive. Ayant arpenté lui-même une bonne partie des alentours de Changhai, ayant de plus réussi à se procurer chez beaucoup de ses confrères (alors presque tous européens) des documents et renseignements de première main, il édita, à T'ou-sè-wè également, mais en français seulement, une série de cartes à échelle assez réduite et malheureusement variable, comprenant chacune une

Section de notre Mission, c'est-à-dire l'ensemble de plusieurs districts paroissiaux : le P'ou-tong 浦 東 (1886), le P'ou-si 浦 西 (1886), Sou-tseû 蘇 州 (1887), Tsang-tseû 常 州 (1885).

A ces travaux, venaient s'ajouter les cartes de Ts'ong-ming 崇 明 (1886) et de Hai-men 海 門 (1887-89) dressées par le P. Henri Havret (1848-1901), qui plus tard (soit dit entre parenthèses) édita la première carte routière de la province du Ngan-Hoei 安 徽.

Je ne saurais passer sous silence les nombreux levés expédiés, croquis, esquisses, etc . que plusieurs autres missionnaires, par exemple le P. Georges Fournier (1867-1919), ancien lieutenant de vaisseau, voulurent bien me communiquer ou laissèrent dans leurs notes, qu'après leur mort la Providence fit passer en ma possession.

Entre temps, et cela s'applique surtout aux dernières années, paraissaient certains documents de valeur réelle, mais laissant tous encore à désirer, soit comme mise au point, soit comme étendue ; je ne citerai que les cartes de l'Etat-Major français, des Chinese Maritime Customs (1), de la Chambre de Commerce chinoise de Wou-sieh 無 錫, du Whangpoo Conservancy Board (2), etc, etc, ... sans compter les récents plans de Changhai. Je préfère ne rien dire de ce que les Postes Chinoises, pourtant si progressives par ailleurs, osent éditer comme cartes des districts postaux.

Le dix-neuvième siècle avait vu paraître deux listes des positions géographiques des principales villes de Chine : celle de E. Biot (Paris, Imprimerie royale, 1842) en français, ouvrage classique, et sa copie en anglais par Playfair (Hong-Kong, 1879).

Les données fournies par Biot sont de deux provenances : observations faites par les anciens missionnaires jésuites et positions déduites des cartes publiées par ces derniers.

---

(1) The Country round Soo-chow, by Thos. Ferguson (1900-1901), au 63.360°, exacte mais restreinte

(2) The district around and the approaches to Shanghai, au 240.000° (1921), la meilleure carte pour ce qui est de la cote, mais tres défectueuse pour l'intérieur.

Or nul n'ignore que, vu l'imperfection relative de leurs instruments, ces observateurs virent, en longitude spécialement, leurs résultats entachés d'un bon nombie d'erreurs, peu graves, il est vrai, et qui ne leur enlèvent point le mérite d'avoir fait œuvre de pionniers et de savants.

Les résultats obtenus par Biot au moyen du calcul sur leurs cartes sont encore plus aléatoires.

Que dire de l'ouvrage de Playfair, sinon qu'aux imprécisions forcées de son prédécesseur, il ajoute un joli nombre de fautes d'impression et des calculs fantaisistes; rien que pour le Kiang-sou la liste de ses *errata* serait coquette : Fong-hien 豐 縣 par 33°46 de latitude au lieu de 34°46, et Né-wei 南 滙 par 30° au lieu de 31°; Kao-yeou 高 郵, Pao-ying 寶 應 et Hoai-ngan 准 安 sur le même degré de longitude 119° 22, etc, etc, ...

Autrement sérieux sera le réseau géodésique commencé par les observatoires de Zi-ka-wei 徐 家 滙, Zô-Sè 佘 山 et Lôh-Ka-pang 泶 葭 浜 appartenant tous trois à la Mission Catholique de Nanking, réseau qu'il serait tant à souhaiter de voir étendre sans tarder.

De tous ces devanciers, j'ai utilisé l'expérience, mais je n'ai point borné là mon travail: mettant à profit, depuis bientôt quinze ans, mes déplacements à travers notre Mission, j'ai relevé, contrôlé, rectifié les données géographiques d'une notable partie de ja région dont je publie la carte.

Est-ce à dire que cette carte soit parfaite? Je suis bien éloigné d'en afficher la prétention.

Mon but est singulièrement plus modeste : je vise à présenter quelque chose qui, dans son ensemble mais certainement pas dans toutes ses parties, marque un progrès sur ce qui a été fait avant moi, et condense, en une feuille maniable, d'innombrables renseignements épars.

On m'a déjà beaucoup aidé, et je remercie ceux qui l'ont bien voulu faire; je veux espérer que l'on continuera à me faire parvenir, pour une réédition possible, corrections et additions de toutes sortes.

Un de mes bienveillants réviseurs m'écrivait: «Le P. Pierre avait fait un pas en avant sur ses prédécesseurs; faites-en un sur lui. Vos successeurs en feront un sur vous, et nos arrières-petits-neveux auront, grâce à la collaboration de toute une kyriel-le de géographes, une carte...... à peu près sans faute». (1)

Ce souhait, je le fais mien; non seulement pour cette premiè-re feuille mais pour celles qui la suivront. Car cette feuille n'est que la première des huit qui doivent composer la carte entière au 200.000ᵉ de la province du Kiang-sou 江蘇, carte que je compte réduire du reste plus tard au format plus maniable du millionième, afin de contribuer quelque peu à la confection de la carte du monde à cette échelle; si tant est que Dieu me prête vie, et que sa Providence me ménage les circonstances propices pour mener à bien ce travail.

Chang-hai, Juillet 1922.

HENRY DUGOUT, S. J.

---

(1) On me permettra de rapporter ce fait cité dans l'un des plus récents bulletins trimestriels de la Société de Topographie la carte de France établie au 80.000ᵉ par le Service géographique de l'Armée, fut commencée aux premiè-res années du regne de Louis XVIII Travaillerent à ses éditions successives environ douze cents officiers de talent Or, apres cent ans environ, on esti-mait que l'édition publiée juste avant la guerre de 1914 était *à peu près* sans faute.

PRÉFACE

DE L'OUVRAGE COMPLET.

Voici que se termine, au moins pour le moment présent, ce travail dont l'impression aura demandé plus de deux ans.

Quand j'en entrepris la publication (janvier-juillet 1922), j'indiquai en une introduction, reproduite ci-dessus, quelle était la situation cartographique de la province du Kiang-sou, les difficultés qu'elle présentait, celles plus spéciales que j'avais rencontrées, et comment j'avais essayé d'y remédier.

J'ajouterai aujourd'hui l'énoncé de quelques faits nouveaux, et quelques considérations qu'il importe de ne pas laisser dans l'ombre.

Ce fut tout d'abord l'apparition, coup sur coup, d'un certain nombre de cartes *officielles* des districts administratifs (sous-préfectures ou *hien* 縣) dont on trouvera la nomenclature à la bibliographie ci-dessous.

De plusieurs de ces cartes, j'ai pu moi-même vérifier sur place l'exactitude, mais elles présentent, toutes, deux graves défauts : elles ne tiennent aucun compte des positions en latitude et longitude ; de plus chacune se cantonne à un district sans se préoccuper de se raccorder aux districts environnants.

Au premier défaut j'ai tenté d'obvier en parcourant de vastes régions et en y relevant, avec l'aide amicale du R. P. Gherzi (de l'Observatoire de Zi-ka-wei) les positions géographiques des chefs-lieux de districts. Là où les circonstances et mes obligations d'état ne me permettaient pas de me rendre, j'ai eu recours à

des résultats qui m'ont été obligeamment communiqués (v. g. par les administrations du Service des Côtes et du Whang-poo Conservancy); parfois, faute de mieux, force m'a été de me contenter des anciennes positions de du Halde et de Biot, complétées par quelques données modernes.

Au second déficit, aggravé de ce fait que les cartes en question étaient publiées à des échelles extrêmement différentes,un patient labeur d'adaptation parvint à remédier.

Au fur et à mesure des possibilités, je publiai mes différentes feuilles, m'efforçant de tenir compte, sur les dernières d'entre elles, des remarques générales qui me parvinrent à propos des premières.

Je regretterais qu'on se méprît sur un point: la publication totale des huit feuilles aura demandé plus de deux ans et demi; mais l'écart entre deux feuilles, loin de représenter la totalité du travail sur une feuille donnée, comporte simplement les délais de la mise au point de cette feuille, déjà préparée de longue date.

Une personnalité de France, fort compétente en matière de géographie, avait exprimé le désir de voir indiquer les cotes d'altitude. Je n'ai pu le faire: bien qu'en ayant déterminé un certain nombre, j'ai estimé qu'il valait mieux remettre à plus tard cétte intéressante mais peu facile partie du travail.

Peut être se demandera-t-on pourquoi, dans certaines régions (en particulier la presqu'île de Hai-men et l'île de Ts'ong-ming), les chrétientés portent le vocable de leur patron, non celui d'une localité. Il est plus facile de constater le fait que d'en fournir une explication. Je pense, néanmoins, que les fondateurs des premières chrétientés de ces régions ayant été ou s'étant crus obligés d'élever la plupart de leurs églises en rase campagne, loin des bourgs, n'ont pas osé leur donner le nom d'une localité trop lointaine. Et, de vrai, je connais d'expérience bien de ces églises ou chapelles, bâties au long d'une simple ferme, qu'il serait illusoire autant qu'imprécis de gratifier du nom d'un village situé à 3, 4 ou 5 *li* de distance, et qui n'est pas plus près du reste de telle église que de telle autre.

Un autre point d'interrogation se posera peut-être à la vue de la forme des bourgs sur les feuilles 6, 7 et 8 comparée à celle qu'ils ont sur les autres feuilles. Cette forme n'est point le résultat d'une convention mais bel et bien l'expression de la réalité.

Alors que le bourg chinois ordinaire, construit en général sur les deux bords d'un canal ou d'une route, affecte par là-même une forme allongée, quitte quelquefois à prendre l'apparence d'une croix quand il est situé à l'intersection de deux moyens de communication, le bourg des régions septentrionales du Kiang-sou (Siu-tcheou fou, Hai tcheou, etc....) consiste en un agglomérat de maisons, disons de huttes, entourées d'une enceinte fortifiée dont les murs de terre dessinent un quadrilatère, souvent un carré. Signe des mœurs : en ce pays règne l'insécurité et le brigandage est endémique.

J'ai parlé plus haut de Hai-men et Ts'ong-ming. Une difficulté ne pourra manquer de se présenter à ceux qui habitent ces régions ou qui auraient à y voyager.

Si l'on jette un coup d'œil sur mes feuilles 1 et 4, on y constatera que l'île de Ts'ong-ming est orientée, généralement parlant, du Nord-Ouest au Sud-Est. Or, les habitants la considèrent comme allant Est-Ouest, et les canaux qu'ils ont creusés perpendiculairement à cette direction sont, dans le langage commun, orientés Nord-Sud ; de même leurs maisons, qui en réalité regardent le Sud-Ouest.

Quand les habitants de l'île sont allés coloniser les nouvelles terres à l'est de Hai-men (terres qui font encore partie de la sous-préfecture de Ts'ong-ming), ils ont creusé leurs canaux et bâti leurs habitations dans le prolongement et l'orientation de ceux de l'île.

D'où discordance, en ces régions, entre le langage populaire et la réalité géographique.

Lorsqu'on quitte les terres orientales dépendant de Ts'ong-ming et qu'on entre sur le Hai-men proprement dit ou le Nan-t'ong, un redressement se produit, et là le Nord-Sud populaire se rapproche de la ligne que marque la boussole, déclinaison déduite (environ 3º).

Et si l'on passe sur la partie occidentale du Jou-kao, le phéno-
mène inverse se produit. La ville de Jou-kao regarde le Sud-Est,
et ses habitants prenant comme ligne de foi l'alignement de ses
portes, il s'en suit que leur Nord-Sud vulgaire forme un angle
très ouvert avec celui des gens du Ts'ong-ming: différence 70°
environ, qu'on est exposé à constater, si l'on voyage un peu vite,
à quelques jours d'intervalle.

À remarquer que tous savent bien que le soleil ne concorde
pas avec leur Nord-Sud et que midi, s'ils ont une pendule, ne
sonne pas pour eux au milieu du jour; l'heure de leur repas suit
leur orientation fictive: on mange à 11ʰ ¼ à Jou-kao et à 1ʰ ou
1ʰ ½ à Ts'ong-ming.

Notons toutefois que les pagodes et les tribunaux, parfois les
écoles, sont tournés vers le Sud vrai: la superstition du *fong-choei*
donne ici la main à la Science!

On voudra bien ne pas s'étonner si je termine en réclamant
l'indulgence de ceux qui constateront les imperfections de mes
cartes; car enfin, quelles que soient les facilités que j'aie rencontrées auprès de mes Supérieurs (ce dont je leur suis profondé-
ment reconnaissant), je n'ai entrepris, avancé et terminé ce travail
que tout en vaquant, en premier lieu, à mes occupations de
Missionnaire, et cela suffit à expliquer certaines lacunes et bien
des déficits.

On aura l'obligeance de se rappeler aussi qu'obéissant à des
motifs fort compréhensibles, j'ai eu recours pour l'exécution de
ces cartes à l'Imprimerie de notre Mission, et que le temps n'est
pas encore venu où l'on puisse exiger de la main-d'œuvre indi-
gène la perfection à laquelle se sont élevés nos graveurs et litho-
graphes occidentaux. J'ai dû moi-même mettre assez "la main
à la pâte" pour me rendre compte des difficultés de l'exécution
et pour apprécier, par conséquent, l'intelligent dévouement de
celui sur qui pèse la charge de notre Imprimerie.

Et puisque j'en suis aux remercîments, je m'en voudrais de
n'en point adresser à tous ceux qui m'ont aidé: collaborateurs di-
rects ou indirects qui m'ont fourni renseignements et corrections;

réviseurs habiles et patients qui ont peiné sur mes manuscrits; hôtes bienveillants qui ont charitablement accepté le dérangement de ma présence et de mes pérégrinations sur leurs territoires; que tous veuillent bien trouver ici l'expression de ma reconnaissance.

Reprenant enfin sous une autre forme ce que j'avais écrit naguère, je ne me flatte point d'avoir, en ce travail, élevé un de ces monuments parfaits devant lesquels la critique fait naturellement place à l'admiration. Je crois seulement avoir jeté, tout juste à fleur de terre, une base sur laquelle d'autres, plus habiles et mieux outillés que moi, édifieront plus tard le monument.

Chang-hai, Août 1924.

HENRY DUGOUT, S. J.

PRINCIPAUX DOCUMENTS UTILISÉS [1].

R. P. L. Pfister : Cartes des sous-préfectures du *Kiang-sou Sud* (de la mer à Tan-yang), en 23 feuilles à échelles variées.

R. P. A. Pierre : Cartes des Sections du *Kiang-sou Sud ;* 4 feuilles: P'ou-tong (1886), Song-kaong (1886-87), Sou-tseû (1887-88), Tch'ang-tcheou (1885), à diverses echelles

R. P. H. Havret : Cartes des 2 Sections de *Hai-men* (1887-89) et *Ts'ong-ming* (1885-86).

(R. P. S. Chevalier) : Carte du Kiang-nan (vers 1902).

Whang-poo Conservancy Board : The District around *Shanghai* (au 240.000ᵉ, 1921).

Whang-poo Conservancy Board : Drawings.... *Yang-tse Estuary* (april 1917).

Chinese Maritime Customs (Direction of the *Coast Inspector*): Entrances of the *Yang-tse River* (1915-17).

Chinese Maritime Customs (Direction of the *Coast Inspector*): The *Yang-tse River*, sheet 1, 2, 3 (1916-18).

Imperial Chinese Railways : *Shanghai-Nanking* Railway official map. (1907).

Brigade d'occupation en Chine (16ᵉ colonial): *Chang-hai et Zi-ka-wei* (1900).

Brigade d'occupation en Chine (16ᵉ colonial): *Chang-hai et les environs* (vers 1901)

Chang-hai et les environs, d'après la carte de Wade et de Villard (1898).

P'ou-tong t'ou 浦 東 圖, par un Missionnaire anonyme.

---

(1) Je ne mentionne pas ici les croquis fantaisistes annexés aux Annales départementales, je les ai pourtant souvent consultés pour les caractères chinois Je ne signale pas non plus les plans de la ville de Chang hai et de ses Concessions

Section du *P'ou-tong*, Carte du district de *Tsang-ka-leû* (par le P. A. Pierre, 1887).

Tch'oan-cha t'ing ts'iuen t'ou 川 沙 廳 全 圖 (vers 1880).

T'ai-ts'ang tcheou chou ts'iuen t'ou 太 倉 州 屬 全 圖 (vers 1910).

R. P. Robert de Beaurepaire : Zi-ka-wei-*Zô-sè*, route des Collines (1900).

R. P. A. Colombel: le *P'ou-si*, cartes réduites (vers 1905).

Song-kiang fou t'ou 松 江 府 圖 (vers 1890).

Hou-kia lou sien 滬 嘉 路 線 (1910).

Sou-tcheou fou t'ou 蘇 州 府 圖.

Th. Ferguson: Map of the country round *Soochow* (1900-1901).

Tch'ang-chou t'ou 常 熟 圖.

Tch'ang-tcheou fou ts'iuen t'ou 常 州 府 全 圖.

Ou-tsin hien che k'iu ti t'ou 武 進 縣 市 區 地 圖 (1920).

Carte du district de *Kiang-in* 江 陰, par un Missionnaire anonyme (1907).

Carte d'une partie du *Tch'ang-tcheou* fou 常 州 府 par un Missionnaire anonyme (1891).

Kiang-in hien ts'iuen t'ou 江 陰 縣 全 圖 (1923).

Kiang-sou *Kiang-in* hien ts'iuen t'ou 江 蘇 江 陰 縣 全 圖 (1923).

Tch'ong-ming hien king ts'iuen t'ou 崇 明 縣 境 全 圖 (1919).

Hai-men choei lou tao li siang t'ou 海 門 水 陸 道 里 詳 圖 (1924).

Nan-t'ong hien king ts'iuen t'ou 南 通 縣 境 全 圖 (1918?).

Tsoei sin *Nan-t'ong* hien ts'iuen t'ou 最 新 南 通 縣 全 圖 (1923).

Nan-t'ong hien tch'eng siang t'ou 南 通 縣 城 府 圖 (1917).

Jou-kao hien yu ti t'ou 如 臯 縣 與 地 圖 (1917?).

Yang tcheou fou t'ou [1] 揚 州 府 圖, (vers 1860?).

Relevés des principaux canaux du *Hia-ho* 下 河, par le **P. H. Doré** et par un Missionnaire anonyme.

Kiang-pé ho tao che tch'é tsong t'ou (en 2 feuilles) 江 北 河 道 寔 測 總 圖 (1918?).

Kiang-sou *Yang-tcheou* tch'eng che t'ou 江 蘇 揚 州 城 市 圖 (1922).

Tchen-kiang fou chou ts'iuen t'ou 鎭 江 府 屬 全 圖 (1908).

R. P. Louis Gaillard : Plan de *Nan-king* (1898).

Tsoei sin *Nan-king* cheng tch'eng ts'iuen t'ou (japonais) 最 新

---

(1)   Par Li Fong pao, copiee par le R P A Pierre

南京省城全圖 (1922).

Capitaine L. Séité : Cartes de pilotage du *Yang tse-kiang* (1918), surtout feuilles 4 et 5.

Map of the great *Sou-tcheou* Lake region (**大南湖**), by *H. T. Wade* (1895).

Kin-ling ling mou kou tsi ts'iuen t'ou **金陵陵墓古蹟全圖** (en 2 feuilles, 1901).

Kiang-ning fou t'ou **江寧府圖** (à grande échelle, T'ou-sè-wè, vers 1890).

Kiang-ning fou t'ou **江寧府圖**, par Lou Té-ming (**陸德明**), 1892 (copie).

Kiang-ning fou t'ou **江寧府圖** (réduction T'ou-sè-wè, vers 1890).
T'ientsin-P'uk'ow Railway Southern Section, general Plan (1914).
Tsin-p'ou t'ié-lou......... tsong t'ou **津浦鐵路總圖** (1915).
Tsin-p'ou t'ié-lou nan-pé lou-sien t'ou **津浦鐵路南北路線圖** (1913).

Kiang-sou *Hai tcheou Siu-tcheou* fou t'ou **江蘇海州徐州府圖** par Li Fong-pao (vers 1850?).
P'i hien ts'iuen t'ou **邳縣全圖** (vers 1890).
P'i hien ti t'ou **邳縣地圖** (1922?).

Chemin de fer du *Long-hai*, plan d'ensemble des tracés au 100.000° (1913 et 1919).

Hiu-keou hing che siang t'ou **墟溝形勢詳圖** (1923).

Carte routière des environs de *Yao-wan*, par un Missionnaire anonyme (vers 1910).

R. P. Louis Richard : Carte routière des environs de *Yen-t'eou* (1915).

R. P. René Lecointre : Carte routière des environs à l'est de *Siu-tcheou* fou (1922).

T'ong-chan hien......... t'ou **銅山縣**.........圖 1920.

T'ang-chan hien **碭山縣**, carte du Ya-men, retouchée par le *P. Goulet* (1921).

List of Post Offices (Eleventh issue, 1923).

INDEX ALPHABÉTIQUE
de tous les noms contenus sur la carte.

N. B. 1° En cas de désaccord entre la romanisation portée sur la carte et celle que donne cet index, c'est cette derniere qui fait foi, car elle a été corrigée au fur et à mesure de l'apparition des cartes.

2° Le premier chiffre à la droite de chaque nom indique le numéro de la feuille ; le chiffre et la lettre qui suivent déterminent le carré dans lequel se trouve le nom.

A

Actæon Shoals 1, 5 G
Ancien lit du HOANG-HO 7, 21 T ; 8, 32 X
Annonciation 1, 3 F ; 4, 3 H ; 4, 6 I
Assomption 4, 4 H

B

Ba-kaong, cf.
   Bah-kaong 1, 2 G
Ba-mao, cf.
   Bah-mao 1, 6 G
Bah-kaong 1, 2 G
Bah-lié-hou 1, 7 D
Bah-mao 1, 6 G
Bah-mao-sin-ze 1, 6 D
Bah-mô-kè 1, 9 E
Bah-ngoh-kaong 1, 6 D
Bah-zah-sè 4, 11 H
Bao-yu-ghiao 2, 14 E
Bao-zang-tsen 4, 4 I
Baong-ka-daong 4, 9 H
Baong-ka-zah 1, 4 E
Baong-kieng 1, 5 C
Bé-long 1, 5 D
Bé-long-tsen 4, 2 H
Bing-eu-souo 1, 3 E

Bing-ghiao-tsen 4, 6 I
Bing-sè 2, 14 E
Bing-ze-ghiao 1, 9 F
Block-House Island 1, 2 E
Bon-Conseil 1, 2 F
Bong-kao 4, 10 H
Bonne-Mort 1, 3 F ; 4, 2 H

C

CANAL IMPÉRIAL (**Yun- ho**) 3, 16 J ; 7, 21 T ; 8, 26 Y ; 8, 29 Z
Carmel 4, 2 G
Central Bank 1, 4 F
Cha-ho 7, 22 S ; 8 ,31 Y
Cha-keou 4, 14 N
Cha-k'eou 7, 23 W ; 8, 27 Y
Cha-kia-hiang 2, 17 H
Cha-kia-tien 4, 5 J
Cha-kia-tsi 3, 18 K
Cha-kiang-tsi 6, 14 V
Cha-kou-toeu 8, 29 Y
Cha-p'ou 2, 18 G
Cha-p'ou-p'ou 5, 13 S
Cha-t'eou 3, 15 J

Cha-t'eou-wei 6, 15 X
Cha-tsi 7, 22 T
Chai-tse 7, 21 V
Chan-chao-tsi 8, 25 V
Chan-hia-tchen 2, 16 D
Chan-lin 8, 25 U
Chan-tsi 7, 24 V
CHAN-YANG 5, 17 R
Chang-fang-men 2, 17 H
Chang-fang-pien 2, 15 H
Chang-fang-tchen 2, 19 H ; 6, 16 W
CHANG-HAI 1, 4 D
Chang-hing-pou 2, 17 F
Chang-ho-toen 3, 15 I,
Chang-kang 5, 13 R
Chang-kia-tchoang 7, 21 V
Chang-pa 2, 18 D
Chang-p'ei-pou 2, 17 F
Chang-t'ang-che 2, 16 I
Chang-tche-chan 2, 17 E
Chang-tchou-kia 8, 25 W

Chao-leou 8, 25 V ; 8, 33 W
Chao-ma-tchoang 8, 31 Z'
Chao-pé 3, 16 K
Chao-pi-hou 3, 16 L
Chao-tch'en-leou 8, 33 W
Chao-tien-wei-tse 7, 19 V
Chao-ts uen 2, 18 E
Che-chan 2, 21 G
Che-chou-kiai 2, 20 D
Che-eul-kiang-che 3, 18 K
Che-eul-wei 3, 18 J
Che-hiang 8, 26 T
Che-hiang-hou 6, 17 V
Che-kia 7, 22 X
Che-kia-k'iao 3, 16 J
Che-kia-tchoang 4, 9 J
Che-kia-tien 4, 7 K
Che-kia-tsi 3, 21 K
Che-kia ts'uen 2, 14 G
Che-kiai-che 2, 19 E ; 3, 17 J
Che-kiang 4, 6 J
Che-kiang-k'eou 3, 13 K
Che-k'iao-tchen 6, 15 Z'
Che-k'iao-t'eou 4, 10 J
Che-k'iao wan 2, 13 H
Che-kiu 5, 13 T .
CHE-K'IEOU-HOU 2, 19 E
Che-li-p'ou 4, 8 K ; 6, 16 Y
Che-li-tien 4, 12 I
Che-li-t'oen 6, 16 W
Che-li-wan 3, 14 M
Che-lieou-chou-tchen 6, 18 X
Che-men 2, 17 I
Che-mou 2, 18 I

Che-pa-li-t'oen 8, 28 V
Che-pa wei 3, 16 J
Che-pou-wei 7, 23 Y
Che-san-i 8, 26 W
Che-san-pao 7, 20 O
Che-san-tchoang 7, 19 S
Che-ta-t'oen 8, 30 Z
Che-tch'eng 8, 31 X
Che-tchoang 8, 25 W , 4, 10 I
Che-toan 8, 28 X
Che-t'oen 8, 28 W
Che-tsai 2, 21 H
Che-tse-chan 2, 20 I
Che-tse-kang 2, 20 J
Che-tse-k'iao 6, 18 U
Che-ts'uen 8, 28 W
Che-wei 6, 18 U
Che-wei tse 7, 22 T
Che-yen-tchen 4, 11 L
Ché-chan 2, 19 E
Ché-yang-ho 5, 11 S
CHE-YANG-HOU 5, 15 R
Ché-yang-tchen 5 14 R
Chen chan 2, 15 D
Chen-kia-luen 3, 13 M
Chen-kia-tai 4, 11 J
Chen-kia-tchoang 4, 8 K
Chen-kia-tou 3, 13 K
Chen-kia-tsao 4, 8 M
Chen-leou 5, 19 S
Chen-tcheng 7, 22 W
Chen-tchoang 3, 14 L
Chen-t'ien-pa 2, 17 E
Chen-tsi 2, 22 I
Cheng-ko-tchen 1, 11 I
Cheng-wei 7, 21 V
Cheou-k'ang-tien 2, 18 I
Choang-chan 6, 17 Z
Choang-keou 8, 25 T
Choang-keou-wei 7, 19 W

Choang-kiang-tchen 6, 12 V
Choang-k'iao 2, 16 H
Choang-kin-tcha 5, 18 R
Choang long-tchen 4, 6 J
Choang-miao 3, 16 M
Choang-song-k'iao 2, 17 F
Choang-tien 4, 7 K
Choang-tsing 8, 27 U
Choei-keou 7, 20 W·
Choei-kia-ing 7, 21 I
Choei-pa-tcheng 2, 17 H
Choei-yang-che 2, 20 C
Choen-ho-tsi 7, 20 T
Choen-hoa-tchen 2, 19 H
Choen-houo-tsi 5, 18 R
Choen-ti-ho 8, 33 Y
C iou ho 7, 20 U, 6, 18 U
Chou-kang-chan 3, 17 K
CHOU-YANG 6, 18 U
Circoncision 1, 4 F, 1, 4 H

D

Da-eu-tsen 4, 6 H
Da-ghiao-tsen 4, 5 H
Da-hi ng-tscn 4, 6 H ; 4, 3 I
Da-kaah-tsen 4, 5 H
Da-seng-kong-se 4, 4 H
Da-tsen-tsen 1, 3 F
Da-zang 1, 4 D
Da-zeng-tsen 4, 6 H
Dai-ka-haong 1, 8 C
Dang-ghiao, cf. Daong-ghiao, 1, 6 E
Dao-ka 1, 3 B ; 1, 4 C
Dao-long-ghiao cf. Dao-ka 1, 4 C
Dao-tse - kieng, cf. Tao-tse-kieng, 1, 5 B

Dao-yeu 1, 4 B
Dao-yeu-tsen 1, 6 H
Daong-deû-ghiao 1, 11 G
Daong-ghiao 1, 3 D ; 1, 6 E ; 1, 9 C
Daong-ka-houo-yeu 1, 2 D
Daong-ka-long 1, 3 D
Daong-ka-tai, cf. *Tang-ka-tai,* 1, 3 D
Daong-koh, 1, 8 F
Daong-li 1, 11 C
Daong-mou-ghiao 1, 3 D
Daong-tsen 1, 10 D
Daong-wè 1, 4 C ; 1, 8 G
Daong-za-yé 1, 10 G
Daong-zié-tsen 2, 14 E
Dè-k'ieû-tsen 1, 9 B
Deû-ten 1, 2 B
Dié-tsen 1, 6 D
Dieh-sè-hou 1, 7 C
Deû-kèh-tsen 4, 3 I
Ding-ling 1, 5 B
Ding-sè 4, 10 H
Dôh-ka-tsen 1, 4 D
Dôh-yu 1, 6 B
Dong-kiu-tsen 2, 15 E
Dong-koé-sè 2, 14 E
Dong-li 1, 8 C
Dou-deû-ghiao 2, 15 F
Dou-hong-tsen 4, 4 H
Dou-kang-lang 1, 10 F
Dou-liang-ding 1, 4 A
Dou-men-teng 1, 3 B
Dou-teu *cf Dou-deu* 1, 2 B
Dou-tsang-ka-za 1, 4 D
Dou-tsang-kieng 1, 5 C
Dou-tsi-ghiao 2, 15 E
Dou-ts'ih-tsao 1, 2 C

E

Éh-wou-souo 1, 2 E
Epiphanie 1, 4 F ; 4, 2 G ; 4, 4 H
Etoile de la Mer 1, 3 F ; 4, 4 H
Eu-ding 1, 6 D
Eu-ghiao-deû 4, 10 H
Eu-ghiao-tsen 4, 4 I
Eu-laong cf. K'an-kia-ngan, 4, 7 I
Eu-lo-sè 2, 15 F
Eu-siao-tsen 1, 3 C
Eul-che-li-p'ou 3, 18 J 3, 16 M ;
Eul-keou-tchen 3, 15 M
Eul-kiang 5, 11 T
Eul-p'ou 5, 18 R ; 8, 27 U 8, 30 Y ;
Eul-p'ou-tchen 5, 17 R
Eul-ts'uen-tchen 2, 15 H
Eul-wan 7, 22 U
Eul-yao 4, 5 I

F

Fan-kia-tsi 3, 19 K
Fan-kong-ti 4, 2 I ; 5, 12 P
Fan-leou 8, 30 W
Fan-soei 3, 16 N
Fan-tch'oan 3, 15 Z
Fan-tchoang 8, 32 X
Fan-tsi 8, 33 W ; 8, 33 X
Fang-chan 2, 19 H ; 17, 17 W
Fang chan-tchen 6, 17 W
Fang-chang 7, 23 W
Fang-ghiao, cf. *Faong-ghiao* 1, 10 E

Fang-ka-pang cf. *Faong-ka-pang* 1, 5 A ; 1, 15 B
Fang-kia-kiang 3, 16 K
Fang-kia-ts'uen 2, 19 G
Fang-pien (Chang) 2, 15 H
Fang-pien (Hia) 2, 15 H
Fang-ts'uen 8, 26 U ; 8, 28 X
Fang-zié 1, 11 E ; 1, 10 F
Faong-ghiao 1, 10 E
Faong-ghiao-tsen 2, 13 E
Faong-ka 1, 3 C
Faong-ka-pang 1, 5 A
Faong-t'a 1, 6 E
Faong-zié-ghiao 2, 14 F
Fèh-h'ouo 1, 4 D
Fèh-h'ouo-ghiao 1, 4 B
Fei-kang-lang 1, 11 E
Fen-choei-wei 6, 14 Z
Fen-ho-wei 7, 24 X
Feou chan 6, 14 V
Feou-min 5, 16 T
FEOU-NING 5, 13 S
Fi-yun-ghiao 1, 3 C
Foh-sè 1, 8 G
Fong-chan 7, 24 U
Fong-ghiao 1, 9 D
Fong-gni-ze 2, 14 F
FONG-HIEN 8, 32 Y
Fong-hoang-tsi 8, 30 X
Fong-houo-chang-tien 4, 6 I
Fong-kieng 1, 6 B
Fong-kou-tchen 5, 15 R
Fong-li 4, 6 K
Fong-li-pa 4, 7 K
Fong-lo-ts'uen 8, 30 Z

Fong-t'oen 8, 32 Y
Fong-tsi 8, 29 X
Fong-wang-chan 2, 15 H
Fong-waong sè, cf Wong waong-sè 1, 5 C
Fou-eu tsen 4, 1 H, 4, 4 I
Fou-ghiao 1, 5 F
Fou-hing-tchoang 4, 9 J
Fou-hieng-tsen 4, 2 H
Fou-ka 1, 3 D
Fou-ka (Siao) 1, 3 E
Fou-long-chan 2, 21 I
Fou-long-tsen 4, 5 I
Fou-miao 8, 30 Y
Fou-min-tsen 4 5 H
Fou-ming-chan 2 15 D
Fou-ngan 4, 9 L
Fou-tchai 8, 29 Y
Fou-tié-se 1, 6 C
Fou-ts'en 2, 14 F

G

Game Island 1, 6 G
Ghi-kaong-tsen 1, 6 C
Ghi-ling-tsen 4, 4 H
Ghiao-deû 1, 4 F ; 4, 9 H
Ghieû-hôh-zié 1, 9 D
Ghieuh-Kaong, *cf* **Kiué-Kiang** 4, 5 K
Gné-ka 14, C, 1, 3 D
Gné-ka-ghiao 1, 9 F
Gné-mou-tsen 1, 9 B
Gné-n-tou 1, 5 B
Gné-pou-ka 1, 3 D
Gné-se-tou 1, 5 B
Gné-tsaong 2, 14 E
Gné-ts'ih-tou 1, 5 B
Gné-yang-ka 4, 9 H
Gné-ze-pang 1, 6 B
Gneu-haong 1, 4 A

Gneu-ka-so 1, 4 C
Gneu-ka-tsen 2, 15 E
Gneû-lang-teng 1, 3 B
Gni-diao-se-wou 1, 4 F
Gni-ghiao 1, 3 B ; 1, 3 B
Gni-hieng-tsen 4, 3 I
Gni-ka-tsen 4, 4 H
Gni-kèh 4, 5 I, 4, 3 I
Gni-kaong-tsen 4, 4 H
Gni-ten 1, 2 B
Gni wei-kaong 4, 9 H
Gni-yao-tsen 4, 1 H
Gnôh-ghi 1, 11 G
Gnu-men-tsen 4, 11 H
Gnu-se 4, 10 H ; 4, 10 H
Grass Island 1, 2 E

H

Hai-foh-tsen 4, 2 H
Hai-hong-tsen 1, 5 G
Hai-k'i-che 2, 14 I
Hai koan 5, 10 Q, 5, 12 R
HAI-MEN 4, 5 K
Hai-ngan 4, 10 H
Hai-se-miao 4, 2 I
HAI TCHEOU 6, 16 W
Hai-t'eou-wei 6, 15 Z
Hai-tse-wo 4, 5 J
Han-chan 2, 15 F, 6, 17 V
Han-chan-tchen 6, 16 V
Han-leou 8, 29 X
Han-kia-pa 7, 23 T
Han-tchou 2, 19 E
Han-tchuang 8, 26 Y
Han-tsi 7, 19 V
Han-wei 7, 22 X
Hang-deû *cf. Haong-deû* 1, 3 C
Hang-ghiao *cf. Haong-ghiao* 1, 6 F
Hong-kia-pi 3, 15 K

Hao-dong-kieng 1, 7 C
Hao-kaong-tsen 4, 11 H
Hao-souo 1, 3 C
Hao-zu-ghiao 2, 13 F
Hao-zu-tsen 4, 12 H
Haong-deû 1, 3 C
Haong-ghiao 1, 6 F
Haong-ka-ghiao 4, 7 I
Hè-hing-tsen 1, 2 F
Hen sè 1, 11 D
Heng-ling 1, 12 F
Heng-sè-ghiao 1, 12 G
Heou-cha-keou 7, 22 W
Heou-ho-che 4, 11 I
Heou-kia-tang 2, 18 I
Heou-kia-tchoang 8, 34 X
Heou-koan-t'oen 8, 29 Y
Heou-ou-toan 8, 28 X
Heou-pa-toan 8, 28 X
Heou-tchen 6, 18 V
Heou-tcheou-tchen 2, 16 F
Heou-wan-wei 6, 16 W
Heû-ka 1, 4 C
Heû-ka-tsen 1 5 F
Heû-kaong 1, 5 B
Hcû-sè 1, 10 F
Heû-yeû-ts'ouo 4, 6 I
Heû-zeng 4, 10 H
Hi-ko 8, 30 Z
Hia-chou-kial 2 17 I
Hia-chou-tchen 2, 14 H
Hia-fang-pien 2, 15 H
Hia-ho-fan 5, 14 S
Hia-ho-toen 3, 14 L
Hia-ho-tsao 4, 5 L
Hia-hong 8, 26 U
Hia-k'i-tchen 2, 15 G
Hia-kia-li 2, 17 H
Hia-kia-tsi 3, 17 L
Hia-koan 7, 20 T

Hia-mo-ghiao 1, 6 D
Hia-ou-tchoang
   2, 16 H ; 3, 14 M
Hia-pa 2, 18 D
Hia-tchen 8, 29 Y
Hia-tchou-tchoang
   8, 33 X
Hia-tien 2, 17 H
Hia-tse-k'eou 2, 19 J
Hia-tsu-tsen 2, 13 E
Hia-wa-tsi 7, 23 S
Hia-wei 7, 19 V
Hia yang-tchoang
   4, 8 J
Hia-yu 2, 18 H
Hiang-che-wei 6, 14 Z'
Hiang-choei-k'eou
   6, 13 U
Hiang-foh-tsen 1, 2 F
Hiang-sè 1, 10 D ;
   4, 10 H
Hié-yu-kiang 4, 3 I
Hien-kong-ting 6, 18 V
Hieng-téh 1, 6 B
Hieng-zen-tsen 4, 7 I
HING-HOA 3, 14 N
Hing-tchoang-wei
   6, 15 Z
Hing-touo-ts'uen 2, 17 I
Hio-ling-wei 2, 19 I
Hiong-kia-pa 3, 18 L
Hiu-haong 1, 6 C
HIU-I 7, 23 O
Hiu-ka-daong 1, 4 C
Hiu-keou 6, 14 X
Hiu-kia-tchoang 4, 6 K
Hiu-kia-yang 4, 9 L
Hiu-kia-yao 4, 6 L
Hiu-ze koé 1, 10 E
Hiuen-ti-miao 8, 34 X
Ho-hou 7, 19 W
Ho-ing 2, 20 I
Ho-keou 7, 21 X
Ho-k'eou 4, 7 I
Ho-k'eou-che 2, 21 H

Ho-k'eou-tchen 2, 17 E
Ho-kia-ché 4, 12 N
Ho-kia-pou 4, 5 K
Ho-kia-tsao 4, 5 K
Ho-si 8, 25 V
Ho tch'a 7, 23 X
Ho-tchai 8, 32 V ;
   8, 29 V 8, 30 Z ;
Ho-tchoang 8, 26 U ;
   7, 20 W
Ho-tsai 8, 29 W
Ho-tse-tchoang 4, 9 J
Ho-tse 8, 30 W
Ho-ts'uen 8, 27 V
Ho-wa 8, 30 U
Hoa-chan 2, 19 D ;
   7, 24 S
Hoa-chan 8, 31 X
Hoa-che-kiai 4, 6 J
Hoa-choen-tchen
   3, 20 J
Hoa-kai-chan 6, 14 X
Hoa-k'i-ing 2, 21 J
Hoa-k'i-tchen 2, 20 D
Hoa-kia-tou 2, 15 H
Hoa leou-tse 8, 31 W
Hoa-tsoei-tse 7, 22 V
Hoa-tch'oan-kiang
   5, 11 Q
Hoa-yuen-ts'uen
   2, 16 H
HOAI-IN 5, 18 R
Hoai-koan 5, 17 R
HOAI-NGAN 5, 17 R
Hoan-k'eou 8, 32 Z
Hoan-leou 7, 21 X
Hoan-pen-kiang 4, 4 J
Hoan-tchen 4, 5 J
Hoan-tou-pé tchen
   6, 14 U
Hoan tou-tchen 6, 14 U
Hoang-cha-tchoang
   5, 12 R
Hoang-che-kang
   5, 16 O

Hoang-chou-ts'uen
   2, 19 H
HOANG-HO (*ancien lit
   ud*) 7, 22 T ; 8, 32 X
Hoang-k'eou 8, 31 W
Hoang-koan-tchen
   2, 16 D
Hoang-k'i-k'iao
   2, 20 G
Hoang-kia-k'iao
   3, 15 J
Hoang-kia-pa 3, 20 K
Hoang-k'iao 4, 11 J ;
   8, 27 V
Hoang-kin-chan 2, 16 F
Hoang-mao-chan
   3, 20 L
Hoang-miao 3, 30 V
Hoang-ni-chan 4, 7 H
Hoang-ni-kiang
   3, 17 J
Hoang-pé-hou 4, 10 J
Hoang-pé-tchen
   7, 19 W
Hoang-p'ou 5, 17 P
Hoang-t'ang 2, 15 G
Hoang-té-ling 4, 7 H
Hoang-tchen 2, 15 F
Hoang-ts'ao-miao
   8, 33 W
Hoang-tsi 8, 25 V
   8, 29 W ;
Hoang-tsing 8, 30 Y
Hoang-ts'uen 4, 12 K
Hoang-wei 7, 19 R ;
   7, 20 V
Hoé-haong 1, 4 B
Hoé-toen-pou 6, 17 Y
Hoé-toen-pou-chan
   6, 16 Y
Hoei-siang-kiang 5, 11 S
Hoei-toen 5, 16 T
Hoei-tou-k'iao 2 16 H
Hong chan 2, 15, I ;
   2, 21 I

Hong-chan-yao 3, 19 J
Hong-k'iao-tchoang 5, 14 Q
Hong-ghiao 1, 5 A; 1, 3 C; 1, 4 G; 4, 4 H; 4, 5 I
Hong-ho-tsi 8, 32 V
Hong-kieng pou 1, 8 F
Hong-keou-tchen 6, 18 X
Hong-lan-pou 2, 18 F
Hong sè 1, 10 F
Hong-t'ao 5, 13 S
Hong-t'èh-ze 2, 14 E
HONG-TCHÉ-HOU 7, 21 P
Hong-wei 6, 17 V
Hou-chan 4, 10 I
Hou-chan-tchen 4, 10 I
Hou-chou-tchen 2, 19 H
Hou dang-ghiao 2, 13 G
Hou-dang-li 1, 10 G
Hou-ghiao, cf. Wou-ghiao 1, 4 B
Hou-hou-ing 3, 19 J
Hou-ka ghiao, cf. Wou-ka-ghiao 1, 4 A
Hou-ka-pang, cf. Wou-ka-pang 1, 5 C
Hou-ka-za, cf. Wou-ka-za 1, 4 D
Hou-ka-ze, cf Wou-ka-ze 1, 6 F
Hou-kia-k'iao 2, 15 H
Hou-kia tsi 4, 10 K
Hou-k'ieû-sè 1, 9 E
Hou-ling 2, 16 E
Hou-pé-tchoang 3, 13 N
Hou-nan-tchoang 4, 12 L
Hou-tai ghiao 1, 10 G

Hou-tai-se 1, 12 F
Hou-t'ang 5, 16 Q
HOU-TCHEOU 1, 12 B
Hou-t'eou-ts'uen 2, 15 F
Hou-i'ong-tsen 4, 6 H
Hou-touo-tchen 5, 14 Q
Hou-tsi 5, 17 T; 7, 24 S
Hou-wei 5, 18 T
Hou-yang-sè, cf. Wou-yang sè 1, 9 G
Hou-wou, cf. Lou-bou 12, 14 D
Houo kia-k'iao 3, 15 K
Houo-ta-tsaong 1, 11 E
Houo-yeu-ghiao 1, 3 C
Hué-hou cf Sié-hou 18, 25 V

I

I-HIEN 8, 25 I
I-HING 2, 14 E
I-ho 7, 22 W
I-keou-tchen 3, 15 M
I-kia-tchoang, cf. In-kia tchoang 4, 6 K
I-kia-tsi 3, 16 L
I-ling 3, 15 K
I-lou-chan 6, 14 V
I-TCH' ENG 3, 18 J
Immaculée-Conception 1, 3, F; 4, 4 H; 4, 6, I
In-hiang-tchen 2, 20 II
In-kia-tchoang 4, 6 K
In-kiuen 7, 22 W
In-ing-tse 7, 22 W
In-p'ing tsi 7, 19 V
In-t'ai-tchen 5, 13 O
Ing-kia-tchoang 4, 11 J

J

Jan-t'eou-men 2, 20 C
Jen-houo-tsi 5, 18 O; 5, 16 R; 5, 18 R
Jen-kia-che 4, 11 J
Jou-i-kiang 5, 10 R
JOU-KAO 4, 9 K
Jou-wang-chan 7, 19 X

K

Ka-ba-tsen 4, 5 I
KA-DING 1, 5 E
KAH-WOU 2, 14 F
Kai-tchoang 8, 30 X
Ka-kaong-tsen 4, 8 H
Ka-keu-wè 1, 3 D
Ka-pou-ghiao 1, 9 D
Ka-ze 1, 8 G
K'ai-kia-tchoang 4, 11 L
Kan-chan 3, 19 J
Kan chan-tse 8, 25 W
Kan-leou 8, 29 W
Kan-ts'uen-chan 3, 16 K
Kan-ts'iuen-tchen 3, 16 K
KAN-YU 6, 16 Z
Kang-k'eou-tchen 5, 13 P
Kang-keu-ze 1, 9 G
Kang-tche 8, 30 V
Kang-tché, cf Keng-tché 7, 21 T; 7, 24 W
Kang-t'eou-tchen 2, 17 E
Kany-yé 1, 3 F
K'an-kia-ngan 4, 7 I
Kao-cheng-kiao 5, 18, R
KAO-CHOEN 2, 19 D
Kao-fong-teou 7, 20 T

Kao-ghiao 1, 3 B ;
  1, 3 E,
Kao-ghiao-deû 4, 5 H
Kao-gni-hang 1, 4 C
Kao-hang tseñ 1, 3 D
Kao-hong-sè 1, 10 D
Kao-ka 1, 5 C
Kao-ka-hang 1, 3 D
Kao-ka-hou-ti 1, 8 E
Kao-ka za 1, 3 D
Kao kia-men 2, 16 I
Kao-kia-tai 4, 10 J
Kao-kia-tchoang
  4, 6 K°
Kao-kia-tsi 3, 17 K
Kao-ki'ao 2, 14 I
Kao-k'iao-men 2, 19 I
Kao-k'iao-t'eou 4, 7 I
Kao-leou 8, 29 Y
Kao-li 1, 6 C
Kao-liang-kien 5, 18 P
Kao-lieou 7, 19 V
Kao-men-daong 1, 4 C
Kao-miao 8, 33 Z
Kao seng-ze 2, 14 E
Kao-t'ang-keou 7, 20 W
Kao-tchai 8, 32 X
Kao-tchoang 3, 15 M
Kao-ti 1, 8 D
Kao-t'ié-tsen 4, 5 H
Kao tse-tchen 2, 17 I
Kao-tsi 3, 19 N
Kao-tsouo 7, 22 T
Kao-wei 7, 19 T
Kao-wo 8, 28 U
Kao-yang-hoa 2, 18 F
Kao-yen tchen 5, 18 R
KAO-YEOU 3, 16 M
Kao-zang-gneu
  1, 11 F
Kao-zu ghiao 2, 13 G
Kaong-ghiao 1, 5 D
Kaong-ka-tsen 4, 3 H
Kaong-ts'icû de 1, 6 C
Kaong we 1, 4 D

Kélou-tsen 1, 9 F
K'en-moh-kong-se
  4, 1 H
Keng-kia-tchoang
  4, 6 L
Keng-ting 7, 23 W
Keng-tché 7, 21 T ;
  7, 24 W
Keng-tchoang 4, 12 J
Keng-tsi 8, 25 V
Keng-tsong-ghiao
  1, 11 F
Keou chang 7, 22 X
Keou koei 8, 27 U
Keou-ngan-tchen 3, 13 J
Keou-wan 5, 13 R
Keou-wei 7, 22 W
Keu-haong 1, 5 B
Ki-chan 2, 20 H
Ki-fong-sè 2, 15 F
Ki-kang tsen, cf Ghi
  kaong-tsen 1, 6 C
Ki-kia-ts'uen 4, 10 J
Ki-kia-wei 7, 22 R
Ki leou 8, 33 X
Ki-ming chan 6, 15 X
Ki-tchoang 8, 29 Y
Ki-uaong-tsen 1, 5 D
Ki-wei 7, 19 W
K'i-ho 5, 16 Q
K'i-kang-tsen 1, 9 C
K'i-keou-wo 5, 16 O
K'i-kia-tchoang
  3, 14 L
K'i-ling-men 3, 19 I
K'i-ngan-tchen 4, 6 I
K'i-zié-hoang 2, 15 H
KIA-CHAN 1, 7 B
Kia-chan 2, 18 G
KIA-HING 1, 8 A
Kia-wang 8, 26 W
K'ia-tou 2, 18 J
Kiai-cheou 3, 16 N
Kiai-cheou-hou
  3, 16 M

Kiai-keou-ts'uen
  2, 15 G
Kiai-kia-tai 4, 7 J
Kiai-kiang-tchen
  4, 8 H
Kiai-t'eou-tsi 7, 20 Q
Kiang-keou-ho
  5, 12 O
Kiang-k'eou 3, 13 K
Kiang-k'eou-tchen
  2, 19 C
Kiang-kia-k'iao
  3, 20 J
KIANG-NING 2, 20 I
Kiang-ning-tchen
  2, 21 H
Kiang-p'ing-tchen
  5, 15 O
KIANG-P'OU 2, 21 I
Kiang-tchoang
  8, 34 W
Kiang-tong-ts'uen
  2, 18 I
KIANG-TOU 3, 16 K
Kiang-tsao kaong 4, 6 I
Kiang-tsi 8, 25 U
Kiang-wei 7, 22 R ;
  7, 20 S
Kiang-yen 4, 12 K
KIANG-YN 4, 11 H
Kiao-chou-tang
  3, 15 K
Kiao-chou-tchen
  3, 15 K
Kiao-pé-tchen 7, 20 U
Kiao-sè 1, 10 F
K'iao-chan 8, 26 T
K'iao-deû-tsen 1, 4 F
K'iao-t'eou-tsi 3, 20 J
Kié-pang-tsen 1, 2 F
Kié-tchoang 8, 28 V
Kien-chan 4, 7 H
Kien-ho 5, 16 Q
Kien-ka 1, 3 C ; 1, 2 D
Kien-ka-daong 1, 4 D

Kien-ka-haong 1, 3 D
Kien-ka-wè 1, 5 B
Kien-ki-pang 1, 5 B
Kien-k'iao 2, 14 D
Kien-men-lou 1, 5 B
Kien-pi 2, 15 I
KIEN-SÈ 1, 5 A
Kien-souo 4, 6 I
Kien-ta-souo 1, 2 E
Kien-tong-ghiao 4, 10 H
Kien-yang 5, 14 Q
Kien-wei-ghiao 1, 4 B
Kien-yu-tsen 4, 6 I
Kien-zéh-tsen 1, 7 C
Kieou-li-keou 5, 14 O
Kieou-li-p'ou 2, 14 H
Kieou-li-wan 4, 12 N
Kieou-li-wei 6, 15 Z'
Kieou-long-chan
    2, 19 C; 2, 16 E;
    2, 17 G
Kieou-men-tcha 4, 4 J
Kieou-pi 7, 23 U
Kieou-ting-chan
    7, 24 S
Kieou-toan 8, 28 X
Kieou-ts'uen-chan
    6, 16 Z'
Kieou-ts'uen-wei
    6, 16 Z'
K'ieou-chan 2, 15 D;
    2, 18 G
K'ieou-tsi 7, 23 S
K'ieou-kiang-tchen
    3, 17 J
Kieû-li-hou 1, 8 D
Kieû-long-tsen 4, 3 H
K'ieû-ka 1, 4 C
Kin-chan 2, 19 C;
    2, 17 E
Kin-ho 5, 16 P
Kin-ho-tchen 5, 17 P
Kin-ka wè, cf. Kien-
    ka-wé 1, 5 B
Kin-ki-hou 1, 8 D

Kin-ki-pang, cf. Kien-
    ki-pang 1, 5 B
Kin-kia-chan 3, 19 J
Kin-kia-miao 4, 5 K
Kin-kia-yuen 4, 7 K
Kin-ling-t'ang 4, 4 I
Kin-men-lou cf. Kien-
    men-lou 1, 5 B
Kin-mou-tchen 7, 21 R
Kin-p'ing-chan
    6, 14 X
Kin-ta-souo, cf. Kien-
    ta-souo 1, 2 E
KIN-T'AN 2, 15 G
Kin-tchang 8, 25 V
Kin-té-kien 3, 18 M
Kin-toen 4, 10 N
Kin-t'ong-miao 3, 17 L
Kin-wei 7, 23 S
K'in-kong-tchen
    5, 16 R
K'in-tsi 6, 16 Z
K'in-wei 6, 16 Z
King-k'eou 5, 16 Q
King-k'i-k'iao 2, 15 G
King-lin-chan 6, 17 W
King-ngan-tsi 8, 29 X
King-si-tchoang
    3, 17 N
King-ts'uen-k'iao
    2, 15 I
Kio-sié-tsang 4, 8 L
K'ioh-li-sé 4, 11 H
Kiong-ka 1, 5 C; 1, 3 D
Kiong-ka-ghiao 4, 2 H
Kiong-kia-hou 7, 23 V
Kiu-chan 2, 15 E;
    7, 23 U
Kiu-ing-k'iao 2, 15 G
Kiu-k'iao 5, 16 Q
Kiu-lou 2, 19 I
Kiu-tchai 8, 32 Z
Kiu-tch'eng 6, 16 Z
Kiu-ts'éh-pang 1, 5 C
KIU-YONG 2, 18 H

K'iu-k'eou-li 2, 14 G
K'iu-li p'ou 8, 30 V
K'iu-t'ang 4, 11 K
Kiué-kiang 4, 5 K
Ki'ue-k'eou 8, 30 U
K'iuen-tchai 8, 29 V
Kiun-che-tchai 5, 16 O
Kiun-chan 4, 7 H
Kiun-sé 4, 11 H
Ko-kia-pao 4, 11 M
Ko-lao-ghieû 1, 6 C
Ko-pa-ts'ao-tsi 8, 33 X
Ko-t'ang-tsi 3, 20 J
Ko-wei 7, 19 X
Koa-iao-tsen 4, 1 H
Koa-tcheou 2, 17 J
Koan-chan 2, 17 D;
    2, 18 F
Koan-chan-tsi 7, 23 T
Koan-chen-tsi 7, 21 S
Koan-hou-tchen 7, 22 W
Koan-kiai 8, 28 U
Koan-lou-k'eou 5, 16 R
Koan-t'ang-tchen
    2, 18 F
Koan-t'ang-tsi 5, 17 K
Koan-tchoang-pa
    8, 34 X
Koan-tchoang-wei
    6, 16 Y
Koan-tsi 8, 29 W
KOAN-YUN-CHAN
    6, 15 W
Koang-chan
    2, 19 E; 2, 19 G
Koang-foh 1, 10 D
Koang-fou 1, 5 E
Koang-fou-tcha
    3, 14 K
Koang-i-tsen 4, 3 G
Koang-ling-tchen
    4, 11 I
Koé-tsen-ze 2, 14 F
Koei-chan 2, 19 E;
    2, 19 G

Koei-jen-tsi 7, 21 R
Koei-lin-chan 2, 16 D
Koei-yn-sè 1, 10 D
Koei-ze 1, 6 F
KOEN-SÈ 1, 7 E
Koen-sè (Siao) 1, 6 C
Koen-zeng-wou 1, 8 F
Koh-ya, cf. Kio-sié-
   tsang 4, 8 L
Kong-hieng-tsen
   4, 1 G
Kong-hou-wei 6, 17 U
Kong-se-tsen 4, 1 G
Kong-sou (Da) 1, 3 F
Kong-ti-k'eou 8, 30 X
Kong-wou-tsen 4, 2 H
K'ong-kia 3, 15 K
K'ong-tchen 2, 18 E
K'ong-tchoang
   5, 13 Q; 6, 17 W
Kou-chan 6, 17 V
Kou-ka 1, 5 B;
   1, 3 C; 1, 2 D
Kou-ka-deû 4, 12 H
Kou-ka-lou 1, 2 D
Kou-kia-tchoang
   4, 9 J
Kou-kiu-tchen 6, 17 Z
Kou-li-tsen 1, 8 F
Kou-li-ts'uen 2, 20 H
Kou-ling-se 3, 17 K
Kou-ngan 5, 14 Q
Kou-sè 1, 9 G
Kou-tai 4, 10 K
Kou-tch'eng 2, 19 D
Kou-tch'eng-heu
   2, 19 D
Kou-wei 6, 14 X
Kouo-chan 2, 15 E
Kouo-kia-pao 4, 11 M
Kouo-kia-ts'uen
   2, 15 H
Kouo-kia-yao 4, 7 J
Kouo-kiang 3, 13 K
Kouo-leou **8**, 33 X

Kouo-tch'eng-
   tchoang 8, 33 X
Kouo-tsi 8, 33 Y
Kwan-kiao 8, 28 Z

L

La-pa-tsen 1, 3 F
Lai-ngan-tsi 5, 18 S
Lan-k'i-ts'uen 2, 16 F
Lang-chan 4, 7 H
Langshan *Flats* 1, 7 G
Lang-yu-sè 2, 15 F
Lao-hang-kia 2, 15 H
Lao-ho-tsoei 4, 8 L
Lao-lany-kiai 2, 13 I
Lao-long-chan 7, 23 S
Lao pa-tchen 5, 17 R
Lao-si-kiang-k'eou
   2, 21 H
Lao-sin-ghiao 1, 4 G
Lao-souo 4, 9 H
Lao-t'ang 7, 21 T
Lao-tchang-tchai
   8, 31 W
Lao-tchang-tsi 5, 16 S
Lao-ti-t'eou 5, 18 Q
Lao-tso 1, 6 F
Lao-ya-tchoang
   2, 16 F
Lao-yé-tchoang 4, 11 J
Lao-zi-ze 1, 7 G
Lè-keu-ghiao 4, 9 G
Lei-sè (Siao) 1, 12 C
Lei-sè (Ta) 1, 12 C
Leou-tang-t'eou
   4, 9 I
LI-CHOEI 2, 18 G
Li-fa-k'iao 4, 9 K
Li-ho-k'iao 2, 16 H
Li-ka 1, 3 D; 1, 2 B
Li-ka-ghiao 1, 3 B;
   2, 13 F
Li-kia-k'iao 4, 8 J
Li-hia-tchoang 3, 14 N
Li-kicu-keu 1, 2 B

Li-kio 1, 9 F
Li-kou-i 8, 26 X
Li-li 1, 8 B
Li-li-keu 1, 9 E
Li-lin-tsi 8, 32 U
Li-mao-chan 2, 18 F
Li-miao 8, 30 X
Li-ngai-tchoang
   7, 22 V
Li-pao-tchen 4, 8 L
Li-sieou ho 2, 13 J
Li-sin-tchai 8, 31 X
Li-souo 2, 19 H
Li-tchai 8, 32 X
Li-tch'eng-tchan
   3, 18 N
Li- tchoang 3, 14 L;
   8, 33 W
Li-tien-tchen 3, 15 J
Li-tong-wei 6, 16 V
Li-tsaong 4, 11 H
Li-tsi 5, 18 R; 8, 29 Y
Li-wa-ou 8, 30 Y
Li-wei 5, 18 S; 7, 22 V;
   6, 18 V 7, 19 W;
   7, 20 W;
LI-YANG 2, 16 E
Li-ze 1, 9 D
Liang-k'i-ghiao
   2, 14 E
Liang-tchai 8, 32 W;
   8, 31 X
Liang-tchoang
   8, 30 Y; 8, 31 W
Liang-tié-ze 1, 3 B
Liang-touo 4, 10 M
Liao-kouo-chan
   2, 17 G
Liao-ts'ouo-p'ou
   2, 13 G
Liao-wou-tsen 2, 14 G
Lié-gneu-tsen 4, 5 H
Lié-ho-k'eou 2, 21 H
Lié-kaong-ghiao
   2, 13 G

LIEN-CHOEI 5, 16 S
Lien-fang 7, 23 X
Lien-kia-tsi 5, 17 S
Lien-ou-tchoang
   7, 22 V
Lieou-choei-pa 6, 15 V
Lieou-chuan (ts'iuen)
   8, 26 W
Lieou-hiang 2, 18 G
Lieou-kia 7, 23 V
Lieou-kia-pao 3, 13 M ;
   3, 16 N
Lieou-kia-tchoang
   4, 10 J ; 4, 9 K
Lieou-kia-tou 4, 9 J
Lieou-kia-ts'e 6, 13 V
Lieou-kia-tsi 3, 17 K
Lieou-k'iao 2, 17 I
Lieou-kiu-keou
   5, 15 Q
Lieou-koan-t'oen
   8, 30 Z'
Lieou-lien-tchoang
   7, 23 W
Lieou-man-se 8, 31 V
Lieou-ping-leou 8, 33 Y
Lieou-tchai 8, 30 Z
Lieou-tchoang
   4, 11 K ; 4, 11 N ;
   5, 14 P ; 7, 19 U ;
   7, 24 V ; 8, 31 Z
Lieou-tien 8, 31 W
Lieou-tien-tchai 8, 31 Z
Lieou-tsi 8, 27 U
Lieou-ts'iuen, cf.
   Lieou-chuan
   8, 26 W
Lieou-wei 5, 18 S ,
   7, 23 S ; 5, 17 T ;
   5, 18 T ; 7, 22 T ;
   6, 18 V ; 7, 20 V ;
   7, 20 V ; 6, 18 W ;
   6, 18 X
Lieou-yuen-tsi 8, 33 Y
Lieû-daong 1, 5 E

Leû-hang 1, 4 E
Lieû-ka 1, 2 B
Lieû-ho 1, 5 F
Lieû ho-sin-tsen 1, 5 F
Lieû-long-tsen 2, 14 F
Lin-leou 8 31 X
Lin-long-wei 6, 16 Y
Lin-ngan-tchoang
   3, 20 K
Lin-tché 3, 15 N
Lin-tch'eng 8, 27 Z
Lin-tchoang-tse
   7, 21 W
Lin-tse 4, 8 J
Ling dié 1, 4 G
Ling-hoei chan 3, 19 J
Ling-keou-tchen
   3, 19 J
Ling-k'iao-tchen 3, 18 L
Ling-ling 5, 15 S
Ling-tcheng-miao
   7, 22 S
Ling-yen-sè 1, 10 E
Liu ho tan 7, 22 T
Liu-li 8, 30 W
Liu-tch'eng-tchen
   2, 14 H
Liu-tchoang-k'iao
   2, 15 G
LO-MA-HOU 7, 21 U
Lo-tié 1, 5 E
Lo-zeh 1, 7 D
Loh-dou-ghiao
   4, 10 H
Lôh-bei 1, 3 D
Lôh-dang 1, 5 B
Lôh-ghi-pang 1, 6 C
Lôh-hou 1, 6 G
Lôh-ka 1, 5 B ; 1, 2 C ;
   1, 3 C ; 1, 3 D
Lôh-ka hang 1, 3 D
Lôh-ka-ghiao 1, 6 D ;
   1, 7 D ; 1, 10 G
Lôh-ka-pang 1, 6 D
Lôh-ka-tsang 1, 5 C

Lôh-ka-tse 1, 3 D
Lôh-ka-ze 1, 7 G
Lôh-kaong-tsen
   4, 4 H
Lôh-kèh-tié 4, 3 I
Lôh-li-ghiao 1, 3 D
Lôh-li-teng 1, 4 B
Lôh-M 1, 9 F
Lôh-teng 1, 2 C
Lôh-ten-wè 1, 2 C
Lôh-tiao-wè 1, 6 B
Lôh-tsao-wè-tsen
   1, 2 C
Lôh-yang 1, 12 F
Lôh-yeu 4 9 H
Lôh-za 1, 12 F
Long-chan 2, 20 G ;
   3, 21 L ; 7, 23 U ;
   6, 15 W
Long-deû-sè 2, 14 D
Long-fou-chan
   7, 23 X
Long-ho 7, 23 T
Long-ho-tsi 3, 17 K
Long-hou-daong
   2, 13 G
Long-ka-lou 1, 2 D
Long-kang-pang
   1, 8 F
Long-kang-tchen
   3, 18 M
Long-kia-tchoang
   7, 19 V
Long-kou-tsi 8, 31 Z'
Long-mô-chan
   2, 20 H
Long-t'an 2, 18 J
Long-t'an-ts'uen
   2, 20 D
Long-tche-tchen
   7, 22 W
Long-tch'e-chan
   2, 15 D
Long-ting-pou
   7, 20 T

Long-t'ing-cha 5, 16 O
Long-tou-tchen 2, 19 H
Long-tsi 5, 14 S; 7, 23 T
Long-tsi-wei 6, 18 U
Long-ts'iu-tchen 6, 16 V
Long-wang-chan 2. 21 I
Long-wang-miao 3, 15 M, 5, 10 P; 5, 18 P; 6, 14 U; 6, 15 Z
Long-wang-t'ang 6, 15 V
Long-waong-miao 1, 3 D
Long-zu-wè 1, 5 C
Lorette 1, 2 F
Lou-bou 2, 14 D
Lou-fang-tchoang 4, 8 K
Lou-fou-t'eou 4, 6 J
LOU-HO 3, 20 K
Lou-ka-wei 1, 3 C
Lou-k'eou-tchen 3, 19 G
Lou-kia-k'eou 7, 21 W
Lou-kia-t'ang 5, 13 P
Lou-kia-tchoang 4, 10 J; 4. 10 K
Lou-kia-ts'uen 2, 14 H
Lou-kia-wei-tse 6, 17 V
Lou-king 3, 16 L
Lou-kiu 1, 8 C
Lou-k'ou-sè 2, 13 E
Lou-leou 8, 31 Y; 8, 32 Z'
Lou-li-toen 4, 9 N
Lou-li-tsin 8, 30 Y
Lou-ma-tsi 8, 25 U
Lou-ngan 3, 15 K
Lou-ngan-tcha 3, 16 N

Lou-ngè(n)-tsen 1, 2 F
Lou-pou 1, 6 D
Lou-pou-ghiao 1, 3 D
Lou-t'ang-kiao 3, 21 G
Lou-tao-tsi 5, 12 T
Lou-teng-wè 1, 9 G
Lou-toan 8, 28 X
Lou-tsi 7, 19 R
Lou-ts'uen-p'ou 2, 16 I
Lou-wei 2, 16 J; 6, 18 U; 7, 21 V, 6 18 W
Lou-yang-hou 3, 15 L
Lou-yang-koan 2, 17 I
Louo-chou-wan 2, 14 H
Louo-kang 8, 28 U
Louo-kia-tchoang 4, 6 K
Louo-king-chan 2, 16 G
Louo-kou-sè 2, 13 E
Louo-lou 7, 22 V
Louo-tchai 8, 30 Y
Louo-wei 6, 18 X
Lourdes 1, 2 F; 4, 7 H
Lu-ghiao 1, 2 F
Lu-hany 1, 6 B
Lu-kang 1, 12 E
Lu-se 4, 2 I

M

Ma-chan 7, 24 S
Ma-kia-k'iao 3, 15 K
Ma-kia-t'ang 5, 14 Q
Ma-kia-toen 4, 9 N
Ma-kiun 2, 19 I
Ma-ko 8, 30 V
Ma-kou-tsi 8, 25 V
Ma-lan-tsi 8, 27 U
Ma-leou 8, 32 Y
Ma-liang tsi 8, 34 X
Ma-ling-chan 2, 18 G

Ma-lou-tchen 2, 16 I
Ma-ngan-chan 4, 7 H
Ma-pong-wan 3, 16 M
Ma-pouo 8, 29 X
Ma-t'ang 4, 6 K
Ma-tch'ang 7, 22 X
Ma-tch'ang-tchen 6, 16 U
Ma-tchoang 3, 13 J; 5, 14 Q; 5, 17 R
Ma-t'eou-tchen 5, 18 R
Ma-tien 2, 13 J
Ma-t'oen-wei 7, 16 U
Ma-touo 5, 16 T
Ma-tsi 3, 20 L; 7, 22 V
Ma-tsing 8, 30 V
Ma-wei 7, 22 V
Mang-ka-zah 1, 4 E
Mang-tsiang-daong 4, 9 H
Mao-ka-daong 1, 4 C
Mao-ka-pang 1, 3 E
Mao-ka-tsen 4, 5 H
Mao-kia-k'iao 2, 16 D
Mao-kia-tchoang 4, 6 K
Mao-kia-touo 4, 11 J
Mao-kong-tchen 2, 18 E
Mao-leou 8, 31 X
Mao-tch'eng-wan 2. 20 C
Mao-tchou-tchen 4, 9 I
Mao-ti-k'eou 8, 33 W
Mao-tsan 8, 27 W
Mao-tsi 8, 29 U
Maong-h'eu-tse 4, 7 I
Maong-zé-wei 1, 4 B
Maternité 1, 2 F; 4, 1 H, 4, 3 H; 4, 5 I
Mé-fen-t'ang 7, 20 V

Mei-chan 3, 20 K
Mei-chan-tchen 3, 20 K
Mei-jé-tsen 1, 9 B
Mei-li-tang 1, 8 G
Mei-li-tsen 1, 7 G
Mei-ling-tchen 2, 20 H
Mei-t'oen 8, 34 W
Mei-tseng 1, 10 F
Men-chan-tchoang 4, 7 J
Meng-wei 6, 17 Y
Mère Admirable 1, 2 F
Mi-hang 1, 3 F
Mi-kang-ghiao 1, 11 E
Mi-tsi 8, 29 V
Miao-chan-tse 8, 26 W
Miao-fang 1. 7 G
Miao-ghiao 1, 8 G
Miao-kia-tchoang 4, 9 J ; 4, 8 K
Miao-tchoang 8. 30 W
Miao-t'eou-tchen 3, 16 L ; 6, 18 V
Miao-tsen 1, 4 G
Miao-wo 7, 22 V
Middle Island 1, 3 E
Mié-yang-souo 1, 4 F
Mieou-wan 3. 13 K
Min-hang 1, 4 B
Min-pien-ho 5, 15 S
Min-pien-tcha 7, 22 U
Min-waong-tsen 3, 13 G
Mo-kia-chan 2, 21 G
Mô-tslé 7, 24 T
Mô-ghiao 1, 5 C
Mô-gni-tsang 1, 10 G
Mô-haong-ghiao 2, 13 G
Mô-ka-pang 1, 5 B, 1, 3 D

Mô-k'aong tsen 4, 6 H
Mô-leu-li 1, 7 G
Mô-loh-tsen 1, 5 E
Mô-tsih-sè 1, 12 E
Moh-doh 1, 10 D
Mong-ho-ing 2, 14 I
Mong-ka 1, 5 C
Mong-leou 8, 30 X
Mong-li tsen 1, 11 F
Mong-long 5, 14 R
Mong-pong-wei 6, 18 W
Mong-tchoang-tchai 8, 30 V
Mong-tsiang-daong 4, 9 H
Mong-tsié 1, 3 D
Mong-wei 6, 18 W
Mou-kia-kiang 5, 12 S
Mou-kia-p'ou 5, 11 R
Mou-long-t'ing 7, 21 H
Mou-tsi 8, 30 V
Mou-yeû-daong, cf. N -D -Auxilia-trice 4, 3 G
Mouo-t'eou 4, 9 J

N

N-ka-pang 1, 5 C
N-kaong, cf. Ou-kaong 1, 9 C
N-li-daong 1, 5 C
N-li-ten 4, 4 I
N-long-ghiao 1, 9 D
N-yang-t'è 1, 3 C
Na-kaong 1, 6 E
Na-kiu 7, 24 X
Nan-chan 2, 14 D ; 2, 18 E
Nan-kan 4, 5 K
Nan-kang 6, 16 V
Nan-k'eou-tse 8, 30 T
Nan-kien 7, 21 U
NAN-KING 2, 20 I
Nan-heou-k'iao 4, 7 I

Nan-ma-t'ang 4, 8 J
Nan-ma-tchoang 7, 23 V
Nan-men-wei 6, 18 U
Nan-sin-k'iao 2, 14 J
Nan-t'ang-che 2, 19 D
Nan-tchang-tchoang 8, 27 U
Nan-tchao-ho 5, 12 T , 5, 14 T
Nan-tchen-che 3, 17 G
Nan-tch'eng 6, 15 W
NAN-T'ONG 4, 7 I
Nan-tou-t'ang 2, 17 E
Nan-tou-tchen 2, 16 E
Nan-yang-tchen 5, 12 Q
Nao-pou 8, 26 X
Nativité de la Ste V. 1, 4 G ; 4, 2 H ; 4, 4 H
Né-bé-yao 4, 4 G
Né-daong-ze 1, 8 F
Né-ghiao 1, 4 B ; 1, 11 E
Né-gneu 1, 5 B
Né-hieng-tsen 4. 9 H
Né-mô-deû 1, 6 E
Né-pou 1, 7 D
Né-pou-tsen 1, 3 F
Né-sin-ka 4, 9 H
Né-sing-tsen 4, 3 H
Né-so 1, 9 C
Né-t'ong-hai 4, 6 H
Né-ts'ing-wou 1, 2 G
Né-wang-kieng 1, 6 C
NÉ-WEI 1, 2 C
Né-yang-ghi 1, 10 G
Né-yang-tsen 4, 2 H
Né-za 1, 11 G
Né-ziang 1, 5 D
Né-zié 1, 4 C
Neng-ka-tsen 4, 11 H
Nga-kiong 1, 2 D
Nga-koh-daong, cf. *Nga-k'ouo-daong* 1, 8, E

Nga-k'ouo-daong
  1, 8 E
Ngai-chan 7, 23 X
Ngan-fong 4, 10 L
Ngan-fong-tchen
  4, 12 N ; 5, 15 P
Ngan-kia-ché 2, 13 H
Ngan-kou-tchai 5, 17 T
Ngan-p'ou wei 7, 19 Q
Ngan tchoang 2, 18 I ;
  8, 30 Z ; 8, 30 Z'
NGAN TONG 5, 16 S
Ngao-king-wè 1, 5 C
Nyè-hong-tsen 4, 7 H
Ngo-daong 1, 10 D
Ngo pao 7, 23 X
Ngo-tsen-daong 1, 9 F
Ngou-mei-chan
  3, 19 K
Niang-tse chan 2, 14 I
Nié tchoang p'ou
  8, 29 Z
Nien-tchai 7, 24 V
Nieou-chan 6, 18 W
Nieou-k'iao 4, 2 I
Nieou-k'iao-tse 4 7 I
Nieou-ma-tchoang
  7, 20 V
Ning-hiang-tchen
  3, 14 L
Ning-yuen 8, 31 U
Notre-Dame-Auxilia-
  trice 4, 3 G
Notre-Dame-de-la-
  Merci 1, 1 E

O

O-sia-pang 1, 6 C
Ou-chan 2 17 G
Ou-chan-tchen 2, 19 G
Ou-che-li 4, 7 J
Ou-dong-ghiao 2, 14 F
Ou-fou-k'iao 4, 51
Ou-ghiu 1, 8 F
Ou-joei-k'iao 4, 11 I

Ou-ka ko 1, 11 G
Ou-ka-tié 4, 12 H
Ou-ka-tsen 4, 5 H
Ou-ka-wè 1, 3 E
OU-KAONG 1, 9 C
Ou-kia-k'iao 2, 14 J
Ou-kia-tché 3, 14 M
Ou-kia-tchen 5, 18 Q
Ou-kia-tchou 4, 9 L
Ou-kia-ts'uen 2, 16 D
Ou-kiang 5, 10 T ;
  5, 16 T
Ou-kiang-tchen
  2, 22 H
Ou-kong-hou 3, 13 N
Ou-leou 8, 34 X
Ou-li-p'ou 4, 11 I
Ou-li-tchoang 5, 17 S
Ou-li-teny 4, 9 K
Ou-li-tien 2, 16 I
Ou-li-toen 4, 8 K ;
  4, 11 J
Ou-long-tchen 2, 18 H
Ou-ma-k'eou 8, 31 Y
Ou-miao 4, 6 L
Ou-moh-ghiao 2, 15 E
Ou-p'ou 8, 30 Y
Ou-se-ghiao 4, 10 H
Ou-sin 5, 11 S
Ou-song 1, 4 E
Ou-tai 1, 9 F
Ou-t'an-tou 2, 16 F
Ou-tao-k'eou 8, 31 V
Ou-tcha-tse 7, 23 W
Ou-tche-tchang 5, 12 P
Ou-tch'e-ling 2, 16 E
Ou-ten 1, 2 B
Ou-toan 8, 28 X
Ou-tong-k'iao 2, 15 E
Ou-tou-chan 3, 20 K
Ou-tsé-daong 1, 6 E
Ou-tsié-k'iao 4, 8 I
Ou-tsong king 1, 9 E
Ou-ts'ong-p'ou 4, 6 J
Ou-wei 7, 19 V

Ou-ya-chan 2, 17 D
Ou-yang-t'è, cf.
  N-yang-t'è 1, 3 C
Ou-yun-ghiao 4, 11 H

P

Pa-chan 3, 20 L
Pa-chan-tsi 7, 19 W
Pa-i-tsi 7, 24 V
Pa-ka-tsen 1, 5 B
Pa-keou 7, 20 U
Pa-k'eou-pou 5, 17 O
Pa-ki-chan 6, 16 Z'
Pa-kua-yang 7, 22 W
Pa-koa-tcheou 2, 20 J
Pa-li-p'ou 3, 16 J
Pa-li-tien 7, 22 S
Pa-li-t'oen 8, 30 Y
Pa-mao, cf. Bah-mao
  1, 5 G
Pa-pa-k'iao 2, 19 G
Pa-pé-k'iao 3, 19 K
Pa-pen-wei 6, 16 Z'
Pa-tcha-lou 7, 23 U
Pa-tse-k'iao 3, 15 L
Pa-tsi-tchen 5, 18 S
Pa-zeng 1, 7 E
Pah-zeng-ghiao 1, 3 D
Pan-ho 5, 14 R
Pan-k'iao-tsi 8, 25 V
Pan-king 4, 10 J
PAN-POU 6, 15 W
Pan-pou-tien-tse
  7, 20 S
Pan-tsing, 8, 28 U
P'an-kia 4, 8 M
P'an-k'iao 2, 20 H
P'an-tcha 6, 13 V
P'an-tch'en-tsi 2, 20 J
Pang-lang 1, 6 E
Pang-nga-tsen 1, 4 G
Pang-se 1, 12 C
Pang-se-hou 1, 3 C
Pang-tsen 1, 4 G
Pang-wang-tsen 1, 2 F

P'ang-ka-ghiao 1, 7 G
P'ang-sin-leou 8, 33 X
P'ang-wang-miao
   3, 15 M
Pao-chan 8, 32 U
PAO-ING 5, 16 O
Pao-ing-hou 3, 17 N
Pao-ka-ba-leû 1, 4 A
Pao-kia-leou 7, 22 R
Pao-kia-tien 4, 7 I
PAO-SÈ 1, 4 E
Pao-tché 7, 22 W
Pao-tchoang 4, 11 L
Pao-yen-tchen 2, 16 H
Patronage de la Ste.V
   1, 5 G ; 4, 5 I
Pé-cha 5, 14 S
Pé-chan 8, 28 Y
Pé-hing-k'iao 4, 5 J
Pé-ho 5, 13 R
Pé-hou-wei 7, 22 X
Pé-i ngan 4, 9 K
Pé-i-t'ang 4, 11 I
Pé-kan 4, 4 K
Pé-kia-k'iao 4, 10 J
Pé-k'iao 4, 8 H
Pé-kien 7, 21 U
Pé-kiu 4, 11 N
Pé-k'ong-che 2, 20 H
Pé-heou-k'iao 4, 7 I
Pé-long-pou 7, 23 X
Pé-long-tang 2, 16 G
Pé-lou-keou 5, 14 T
Pé-louo-tien 3, 20 L
Pé-ma-chan 2, 14 D
Pé-ma-ho 7, 21 X
Pé-ma-hou 5, 17 P
Pé-ma-k'iao 2, 17 F
Pé-mou-k'iao 4, 10 I
Pé-pao-chan 6, 14 X
Pé-p'ou 4, 7 J
Pé-ta-ho 3, 14 K
Pé-t'ang-yen 3, 17 G
Pé-tchang-tchoang
   8, 26 W

Pé-tchen-che 2, 17 H
Pé-ting-koan-toen
   8, 30 Z'
Pé-ting-li-che 2, 17 H
Pé-tou-tcheng 2, 16 I
Pé-touo-tchoang
   3, 15 N
Pé-tsa 1, 9 C
Pé-tsao-tsang 7, 21 V
Pé-wei 2, 20 I
Pé-yang-ho 5, 11 S
Pé-yang-tchen 5, 12 Q
Pé-yun-t'ai-chan
   6, 14 X
P'é-ka 1, 4 A
P'é-kieng-tsen 1, 6 C
Pè-zaong-tsen 2, 13 G
Pèh-tsao (Tong-)
   1, 2 C
Pèh-tse-ghiao 4, 5 H
Pei-tcheng-ichen
   2, 14 I
P'EI-HIEN 8 30 Y
P'ei-kiao-tchen
   1, 18 D
P'ei-wei 5, 18 T
Pen-nieou-tchen 2, 14 G
P'en-ho-tsi 2, 21 J
P'eng-ka-t'ang 4. 2 I
P'eng-kia-che 3, 14 K
P'eng-kia-wan 2, 17 E
P'eng-tchoang 8, 30 W
P'eng-yôh, cf. P'ing-
   tch'a 4, 7 L
Pi-hou-chan 6, 15 X
Pi-k'eou 8, 29 Z
Pi-kia-tan 7, 19 S
Pi-leou 8, 32 X
Pi-louo-che 4, 12 I
P'I-HIEN 7, 23 X
P'i-wei 7, 23 X
Pien-i-tsi 8, 33 Y
Pien-kia-tchoang
   2, 18 H
Pièh-kia-ts'uen 2, 18 F

Pien-tchoang 8, 30 Z
Pien-ts'ang 5, 11 O
Pien-tsi 8, 34 W
Pih-kèh-tsen 4, 5 I
Ping-ou-pang 1, 5 B
Ping-tch'a 4, 7 L
P'ing-chan 2, 18 E
P'ing-chan-k'eou
   8, 28 V
P'ing-hou-wei 6, 17 W
P'ing-k'iao 5, 17 P
P'ing-tch'ao-tchen
   4, 8 I
P'ing-t'oen 7, 23 W
P'ing-wang 1, 9 B
P'ing-wang-hou
   3, 14 N
Pô-zang-tsen 4, 2 H
Pôh-bé-yao 1, 4 G
Pôh-ghiao 1, 4 C,
   4, 8 H
Pôh gneu 1, 5 B
Pôh-ka 1, 9 D
Pôh-keu-sé 1, 5 C
Pôh-kôh-ghiao 1, 9 G
Pôh-kou 1, 4 D
Pôh-Pou-tsen 1, 3 F
Pôh-sen-zah 1, 4 D
Pôh-sin-tsen 1, 3 G
Pôh-song 1, 3 D
Pôh-ts'a 1, 3 C
Pôh-ts'eng hou 1, 1 G
Pôh-zié 1, 4 C
Pou-i-tchen 2, 14 G
Pou-kia-hou 7, 21 X
Pou-si 7, 23 W
Pou-tchai 8, 29 Z
Pou-tchoang 8, 32 Y
Pou-tsang 1, 10 C
Pou-tse-tsi 7, 21 S
Pou-tsen 1, 3 F
Pou-wei 8, 29 Z
P'ou-k'eou 2, 20 I
P'ou-k'eou-tchen
   2, 20 I

P'ou-t'ang-tchen
2, 18 F
P'ou-t'eou-k'iao 2,17 I
P'ou-tsi-tsen 4, 3 H
Pouo-deû-tsen 4, 5 H
Présentation 1, 2 F,
4, 3 H
*Pureté de la S*te*V*
4, 3 G

R

Reine des Anges 1,2F
Rosaire 1, 2 F; 1, 1 G
4, 6 H; 4, 6 L

S

Sa-li 1, 8 E
Sai-ghiao-tsen 2, 14 F
Saint-André 4, 4 H,
4, 5 H
Saint-Antoine 4, 8 I
Saint-Augustin 4, 2 H
Saint-Barthélemy
1, 2 F; 4, 3 H
Saint-Charles 4, 4 H
Saint-Coeur-de-Marie
1, 2 F; 4 2 H
Saint-Dominique
1, 2 F
Saint François Xavier
1, 3 F; 4 5 H
Saint-Henri 4, 5 H
Saint-Ignace 1, 3 F;
4, 7 I
Saint-Jacques 4, 2 H;
4, 4 H
Saint-Jean 1, 3 F;
4, 6 H
Saint-Jean-Baptiste
1, 1 F; 4, 2 H
Saint-Jean-
Népomucène
1, 4 G; 4, 6 H
Saint-Joseph 1, 3 F;
4, 2 G; 4, 2 H;
4, 6 H; 4, 7 I;
4, 6 J

Saint-Laurent 1, 2 F
Saint-Luc 1, 3 F;
1, 3 G; 4, 6 I
Saint-Marc 1, 3 G;
1, 4 G
Saint-Martin 1, 3 F
Saint-Mathias 1, 2 F
Saint-Mathieu 1, 2 F;
4, 3 H; 4, 5 H
Saint-Michel 1, 2 F;
1, 3 G; 4, 5 H;
4, 7 H
Saint Nicolas 4, 4 H
Saint-Nom de Marie
1, 3 F, 1, 5 G
Saint-Paul 1, 3 F,
4, 2 H; 4, 5 K
Saint-Philippe 1, 4 G,
4, 4 I
Saint-Pierre 1, 3 F;
4, 1 G, 4, 1 H,
4, 6 H; 4, 8 K
Saint-Raphael 1, 3 F;
4, 3 H
Saint-Rédempteur
1, 2 F
Saint-Sacrement
1, 3 G
Saint-Simon 1, 4 G;
4, 6 I
Saint-Stanislas 1, 2 G;
Saint-Sylvestre 4, 2 H
Saint-Thaddée 1, 3 E;
1, 2 G
Saint-Thomas 4, 3 H,
4, 5 I
Saint-Vincent 1. 2 F,
1. 2 G
Sainte-Anne 1, 4 G,
4, 3 H; 4, 7 I
Sainte-Croix 4, 3 G;
4, 3 H
Sainte-Elizabeth 1,2F
Sainte-Enfance 4, 2 I;
4, 7 I

Sainte-Famille 1, 1 F;
4, 3 G; 1, 4 G
Saints-Anges 1, 4 F;
4, 1 H; 4, 7 H
San-chan-ing 2, 21 H
San-che-li-miao
8, 33 Y
San-che-li-p'ou 3, 18 J
San-che-li-toen
3, 18 K
San-choei-koan 2, 19 I
San-ho-k'eou 8, 29 Z
San-ho-tsi 8, 31 Z'
San-i-tsi 5, 18 R
San-kiang 6, 11 V
San-kiang-ing 3, 14 J
San-kiang-k'eou
4, 4 J
San-k'iao 4, 11 I
San-koan-miao 8, 33 Z
San-k'ouo-chan
5, 18 R
San-li-miao 8, 31 Z'
San-li-t'ang 8, 30 Y
San-li-tch'a 5, 17 O
San-li-wan 3, 13 N
San-mao-chan 2, 17 H
San-pen-tchen 2, 18 H
San-p'ou 8, 27 U;
8, 30 Y
San-t'a-tang 2, 17 E
San-t'ang-k'eou
3, 16 M
San-icha-ho 7, 23 V
San-toan 8, 28 X
San-touo-ichen
3, 15 M
San-tsang-ho 4, 8 M
San-tsao 4, 10 M
San-tsi 5, 14 R
San wan 7, 22 U
San-yang-ho 3, 15 N
San-yuen-k'iao
2, 17 D
San-yuen-ngan 3, 21 G

Sao-hiang-sè 1, 6 C
Saong-ghiao-tsen 4, 6 H
Saong-leû-tse 4, 6 I
Saong-pè-ghiao I, 10 E
Saong-vong 1, 6 F
Se-che-li 4, 7 I
Se-fang-k'iao 2, 14 J
Se-hou-tsen 1, 3 F
Se-ka 1, 2 C
Se-ka-tsen 4, 5 H
Se-kaong 4, 9 H
Se-kèb-pouo 4, 5 I
Se-kieng 1, 5 C
Se-kou-k'iao 2, 15 E
Se-leou 8, 29 Z
Se-lieû-tsen 4, 5 I
Se-mou-k'iao 2, 15 G
Se-ten 1, 2 B
Se-teu 1, 2 B
Se-teu-wè 1, 2 C
Se-tse-sè 1, 9 D, 1, 11 F
Se-tse-tsen 4, 4 H
SE-YANG 7, 19 S
Se-yang-pouo 4, 5 I
Se-ze-yu 1, 6 B
Sè-haong-k'eû 4, 4 I
Sè-hing-tsen 1, 3 G
Sè-jen-ghiao 1, 10 D
Sè-ka-tsen 4, 9 H
Sè-kèh-tsen 4, 2 I
Sè-koang-tsen 1, 5 G
Sè-koè-daong 1, 2 C
Sè-kôh-tsen 4, 7 H
Sè-li-ghiao 2, 14 E
Sè-o-tse-tsen 4, 2 H
Sè-ou-keu 1, 11 G
Sè-pao-tsen 4, 12 H
Sè-sing-ghiao 4, 2 H
Sè-sing-tsen 4, 3 G, 4, 3 H; 4, 6 H
Sè-teng 1, 2 B, 1, 2 B
Sè-ts'ang 4, 4 H

Sè-tsao 1, 2 C
Sè-tse-ing 1, 5 A
Sè-wei tsen 4, 7 I
Sè-wou-tsen 4, 4 H
Sè-yang-daong 1, 4 A
Sè-yang-tsen 1, 4 A, 4, 3 H
Sè-yu-tsen 4, 4 I; 4, 6 I
Sedes Sapientiae 1, 3 F
Sen-hang-ziê 1, 3 B
Sen-haong-tsen 1, 6 C
Sen-ka 1, 3 B; 1, 3 E
Sen-ka-keu 1, 4 D
Sen-ka-koh 1, 5 B
Sen-ka-so 1, 5 C
Sen-ka-tsen 1, 3 D
Sen-ka-uen 4, 9 H
Sen-ka-wè 1, 4 G
Sen-ka-ze 1, 7 F
Sen-kaong-tsen 4, 12 H
Sen-li-ghiao 4, 6 I
Sen-tsong 1, 3 C
Sen-zu, cf. Zen-zu 1, 9 G
Seng-mou daong *cf. Assomption* 4, 4 H
Seng-seng-ghiao 1, 5 C
Sept-Douleurs 1, 3 F; 4, 3 H; 4, 5 H
Sha-kow 8, 27 Y
Si-chan-k'iao 2, 20 H
Si-ché 3, 14 N
Si-chou-tchen 6, 14 X
Si-fang-ngan 3, 13 L
Si-hia-che 2, 17 I, 2, 19 I
Si-hong-ghiao 1, 4 G
Si-hou-tchen 7, 23 X
Si-t-hao 1, 3 G
Si-ka-wei 1, 9 B
Si-keou-pa 2, 18 E
Si-ki-ghiao 1, 11 E
Si-kieû 2, 14 E
Si-kiong 1, 2 D

Si-kin-tcheou 6, 17 Z
Si-ko-tchen 2, 21 J
Si-koé-ze 2, 13 G
Si-lai-tchen 4, 10 I
Si-lien-tao 6, 14 X
Si-ma 3, 14 J
Si-pang 1, 5 B
Si-pao-tchoang 3, 14 N
Si-pèh-tsao 1, 3 C
Si-song 1, 4 C
Si-t'ang-ho 5, 14 P
Si-tao 1, 11 C
Si-tch'ang 4, 9 K
Si-tcheou-tchou-tchoang 4, 12 M
Si-tchou-kia 8, 26 W
Si-t'eou-men 2, 20 D
Si-ting 4, 6 I
Si-ting-tchoang 3, 13 N
Si-toen-tse 4, 12 H
Si-tsa 1, 11 C
Si-tsang 1, 11 F
Si-tsang-tsen 1, 10 F
Si-ts'ih-tsao 1, 3 C
Si-waong 1, 5 C
Si-wou-daong 1, 4 A
Si-yang-chan 3, 19 K
Si-yao-k'iao 8, 30 Z
Si-yong-dong 1, 4 A
Si-ziang-ka 1, 6 B
Sia-ka-tsen 1, 3 F
Siang-chan 4, 7 H
Siang-tong-tsen 1, 3 F
Siang-wei 6, 17 Y
Siang-zen 1, 8 E
Siao-chan 2, 16 E
Siao-chan-k'iao 4, 10 I
Siao-daong 1, 4 B
Siao-gni-tsao 1, 2 C
Siao-hai 5, 10 R
Siao-hai-tsen 4, 7 H

SIAO-HIEN 8, 29 V
Siao-ho-tchen 2, 13 H
Siao-ho-tchoang
8, 25 U
Siao-ho-wei 7, 22 W
Siao-hou-tchen
7, 20 U
Siao-houo-che
4, 12 H
Siao-ka-ghiao 1, 8 G
Siao-kiang-ta-tchen
2, 14 I
Siao-k'iao-tsi 8, 35 X
Siao-kin-wei 6, 16 Z
Siao-koan 5, 12 R
Siao-k'oen-sè 1, 6 C
Siao-lai-ghiao 1, 5 C
Siao-lei-sè 1, 12 C
Siao-li-tchoang
8, 27 T
Siao-liang-pi 7, 23 X
Siao-liang-wei 7, 24 X
Siao-lieou-tsi 8, 34 Y
Siao-mao-chan 2, 19 I
Siao-nan-kiang
6, 11 V
Siao-nan-tchoang
7, 22 X
Siao-neiou-chan
6, 17 W
Siao-sè 4, 10 H
Siao-se-toan 8, 28 Y
Siao-tchao-kia 7, 23 W
Siao-tchang-tchai
8, 30 Y
Siao-tchong 7, 21 V
Siao-tié-hou 1, 8 C
Siao-tien-tsi 7, 20 U
Siao-t'oan-tchoang
5, 13 O
Siao-tong-yu 1, 5 C
Siao-tseng 1, 6 B
Siao-tsi-tse 8, 27 T
Siao-ts'ih-tsao 1, 2 C
Siao-vè-ka 1, 2 B

Siao-wang 8, 27 T ;
8, 28 U
Siao-wang-tsi 7, 23 S
Siao-waong-daong
1, 7 E
Siao-wè 1, 2 D
Siao-wè-tsang 1, 2 D
Siao-yen-chan 2, 16 E
Siao-zah-deû-souo
1, 3 E
Siao-zao-kieng 1, 5 A
Sié-chang-ts'uen
2, 19 G
Sié-hou 8, 25 V
Sié-kia-tchoang 4, 7 J
Sié-kia-tien 4, 10 J
Sié-kia-tsi 5, 14 T
Sié-k'iao-tchen 4, 10 I
Sié-pou-tchen 2, 17 G
Sié-tchoang 7, 21 S ;
7, 21 V
Sié-tsi 8, 35 X
Sié-ts'uen 3, 19 G ;
8, 30 V
Sié-yé-ghiao 1, 12 E ;
2, 14 G
Sich-sè 1, 5 C
Sien-chan 2, 16 C
Sien-jen-chan 2, 16 E ;
3, 21 L
Sien-ma-tang 2, 16 F
Sien-ma-ts'uen
2, 16 F
Sien-ngo-men 2, 19 I
Sien-niu-miao 3, 15 K
Sieou-chan 2, 19 D
Sieou-ou-wei 7, 19 X
Sin-cheng-wei 4, 9 I
Sin-daong 1, 4 B
Sin-daong-li 1, 11 F
Sin-doh-ghiao 1, 12 F
Sin-eu-li 1, 11 G
Sin-eu-tsen 1, 10 E ;
1, 1 G
Sin-faong 1, 4 B

Sin-faong-ghiao
2, 15 F
Sin-fong 4, 12 I
Sin-fong-tchen 2, 15 I
Sin-ghiao 1, 5 C
Sin-hing 5, 13 R
Sin-ho 8, 32 Z
Sin-ho-che 2, 14 I
Sin-ho-k'iao 2, 16 G
Sin-ho-tchoang
3, 13 K
Sin-ho-tsi 7, 19 S
Sin-ho-wan 3, 18 J
Sin-hoang-hiang
3, 19 K
Sin-i-wei 7, 21 S
Sin-k'ai-wou 1, 3 F
Sin-kaong 1, 2 C
Sin-kaong-tsen 4, 3 H
Sin-keou 5, 14 S
Sin-kiai-k'i 2, 16 C
Sin-k'iao-che 2, 18 F
Sin-kié-tsen 2, 15 F
Sin-lieou-k'iao
2, 15 H
Sin-mi-haong 1, 2 F
Sin-ngan-tchen
6, 14 U ; 7, 20 W
Sin-ngan-tsi 8, 33 Y
Sin-pa 4, 8 I
Sin-pa-tchen 3, 14 J ;
2, 15 J, 6, 17 W
Sin-p'ou 6, 16 X
Sin-t'ang-che 2, 18 I
Sin-tch'a-ting 2, 16 D
Sin-tchen-che 4, 12 I
Sin-tch'eng-tchen
3, 17 J
Sin-tchoang 4, 7 K
Sin-tchong-tse 5, 11 Q
Sin-tien-miao 2, 22 I
Sin-tien-tsi 7, 20 U
SIN-TOAN 8, 31 Z
Sin-tsaong 1, 4 C
Sin-tsen 1, 5 G

Sin-tsi 5, 18 T ;
3, 19 N ; 7, 23 V
Sin-tsi-tchen 3, 20 J
Sin-tsi-tse 3, 17 J
Sin-ts'ong-hai 4, 4 H
Sin-wou-tsen 4, 4 I
Sin-yang-kiang
5, 11 Q
Sin-yang-tchen 5, 13 Q
Sin-yang-tsen 4, 2 H
Sin-zang 1, 2 C
Siu-chan
6, 16 Z ; 6, 17 Z
Siu-chan-ts'uen
8, 27 U
Siu-k'eou 8, 29 X
Siu-k'eû 1, 10 D
Siu-kia-tou 3, 14 L
Siu-kia-tsi 3, 17 J
Siu-lao-kia 8, 33 Y
Siu-tang 7, 23 W
SIU-TCHEOU 8, 27 V
Siu-tchoang 8, 30 Z
Siu-tchoang-tchai
8, 31 W
Siu-tsi 5, 15 S
Siu-wei 6, 16 U ; 6, 16
U ; 6, 17 U ; 7, 19 W
Siuen-pao-tchen 3, 13 J
Siun-tchen 2, 19 D
So-deu-tsen 1, 6 F
SOEI-NING 7, 23 S
Soei-tchai 8, 32 X
SOEI-TOAN 8, 28 X
Song-daong 1, 5 C
Song-ka 1, 5 B ; 1, 5 C
Song-ka-so 1, 6 A
SONG-KAONG 1, 5 C
Song-ki-tsen 4, 5 H
Song-lao-tchoang
7, 22 V
Song-leou 8, 32 X ;
8, 27 T
Song-tchai 8, 33 Z
Song-tsi 5, 16 S ; 5, 17 S

Song-wei 7, 22 W
Song-yeu 1, 6 A ; 1, 5 B
Sou-chan-t'eou
8, 28 V
Sou-kia-kiang 4, 11 I
Sou-kia-tchoang 4, 9 K
Sou-kia-tsoei 5, 15 R
Sou-leou 8, 30 V
Sou-li-tien 8, 29 U
Sou-tchen-tchoang
3, 13 K
SOU-TCHEOU 1, 9 D
Sou-tseû, *cf Sou-*
tcheou 1, 9 D
SOU-TS'IEN 7, 20 T
Sou-wei 7, 21 S
Souo-bi-lôh-ka-za
1, 3 D
Souo-daong-tsen
2, 13 E
Souo-hou 1, 8 D
Souo-kang 1, 5 C
Suen-k'i-che *cf Hai-*
k'i-che 2, 14 I
Suen-kia-yao 4, 7 J
Suen-tien 8, 26 U
Suen-tsi 7, 20 R
8, 33 X ;
Suen-tsieou-tien
8, 31 V
Suen-wei 7, 21 R ;
5, 17 S ; 6, 17 V

T

Ta-chan 7, 20 W
Ta-cha-ho 6, 17 Y
Ta-cha-ho-tchen
6, 17 Y
Ta-che-koan 2, 16 G
Ta-che-wei 5, 16 T
Ta-cheng-t'eou
2, 20 H
Ta-dôh-ghiao 2, 18 E
Ta-eul-tsi 3, 18 M
Ta-fan 7, 22 X

Ta-fang-tchoang
5, 14 Q
Ta-fang-tsi 6, 18 W
Ta-fang-wei 6, 17 V
Ta-fong-tien 3, 13 K
Ta-gweu-daong 1, 4 C
Ta-hai-tse 8, 27 T
Ta-hing 5, 15 T
Ta-hing-tsi 7, 19 T
Ta-hiu-kia 8, 25 V
Ta-hoa-che 2, 14 G
Ta-i-chan 6, 15 V
Ta-i-tchen 6, 15 V
Ta-i-wei 7, 22 W
Ta-in-chan 2, 15 F
Ta-ing 4, 11 N
Ta-ing-tsi 3, 21 J ;
8, 32 V
Ta-kang 5, 12 O
Ta-kiang 2, 14 I
Ta-k'iao 3, 15 K ;
7, 20 T ; 8, 29 X
Ta-kiu-t'eou 2, 15 H
Ta-kou-ts'uen 2, 18 H
Ta-lai-ghiao 1, 6 C
Ta-lè-sè 2, 13 D
Ta-lei-sè 1, 12 C
Ta-li-kiang-che 4, 8 I
Ta-li-tsi 7, 24 S
Ta-li-wei 7, 22 R
Ta-liang-pi 7, 23 X
Ta-lieou-tsi 8, 34 Y
Ta-mao-chan 2, 17 G
Ta-miao 8, 26 V
Ta-mong-tsi 8, 30 X
Ta-ou 8, 26 W
Ta-ou-chan 6, 17 Z'
Ta-ou-wei 5, 17 S
Ta-pa-hou 7, 20 V
Ta-pao-tchen 2, 20 D
Ta-pé-mi 4, 11 K
Ta-pien-che 2, 18 G
Ta-pou 6, 17 W
Ta-pou-chan 2, 16 D
Ta-p'ou-tsen 2, 13 E

Ta-se-kiang-wei 6, 12 V
Ta-siu-ho 3, 16 N
Ta-siu-tchoang
    8, 27 T
Ta-suen-kia 7, 22 W
Ta-tchai 8, 34 X
Ta-tchai-che 5, 16 T
Ta-tchang-tohai 8, 29 X
'Ta-tchang-tchoang
    2, 13 I
Ta-tch'eng-chan
    2, 19 I
Ta-tch'eng-k'iao
    2, 13 I
Ta-t'eou-chan 2, 15 D
Ta-toan 5, 11 O
Ta-t'oen 8, 30 Z
Ta-touo 4, 12 M
Ta-tsing-tsao 3, 19 L
Ta-ts'uen-tchen
    6, 15 X
Ta-wang-leou 8, 33 X
Ta-wang-tohoang
    7, 21 W , 8, 30 Z
Ta-yeou-chan 2, 18 D
T'A-HOU 1, 12 D
T'a-hou-ting 1, 10 C
T'A-TS'AONG 1, 6 E
T'a-tsen 1, 10 C
Tai-eul-tchoang
    7, 24 X
Tai-hai 8, 28 X
Tai-ka-kang cf *Dai*
    ka-haong 1. 8 C
Tai-ki-ghiao 1, 12 F
Tai-kia-yao 4, 11 M
Tai-pou-tchen 2, 16 D
Tai-tao-leou 8, 32 X
Tai-tchoang 2, 14 H,
    3, 22 V ; 7, 24 X
Tai-toen-wei 6, 16 X
Tai-wei 7, 23 W
T'ai-bing-ghiao 1, 8 E
T'ai-bing-ze 1, 6 B
T'AI-HIEN 3, 13 K

T'ai-hieng-tsen 4, 4 H
T'AI-HING 2, 13 I
T'ai-k'iao-tchen
    2, 19 D
T'ai-kong-chan 2, 21 I
T'ái-p'ing-k'iao
    2, 18 H ; 4, 12 I
T'ai-p'ing-tchoang
    · 2, 13 I
T'ai-p'ing-wan 5, 9 S
T'ai-p'ing-wei 2, 19 J
T'ai-wang-tchoany
    8, 25 V
T'ai-yuen 4, 9 K
T'ai-zah-ghiao 1, 3 B
T'ai-zôh-sè 1, 11 C
Tan-chang 7, 23 W
Tan-kia-tsi 3, 17 L
Tan-tchai 8, 31 Y
Tan-tchoang 7, 21 Y
Tan-tchou-tchen
    2, 17 I
TAN-T OU 2, 16 J
Tan-t'ou 2, 15 I
TAN-YANG 2, 15 I
T'an-kieû 2, 14 F
Tang-lou-tche 6, 15 W
T'ang-chan 7, 23 V
T'ANG-CHAN 8, 34 W
T'ang-choel 2, 18 I
T'ang-deû-ghiao
    1, 11 G
T'ang-ho-k'iao 3, 17 K
T'ang-ka-tai 1, 3 D
T'ang-kang-tchen
    2, 17 I
T'ang-keou 6, 16 U
T'ang-k'eou 8, 28 W
T'ang-k'eou-tchen
    5, 17 R
T'ang-kia-hou 3, 17 M
T'ang-kia-lou 4, 10 J
T'ang-kia-pang
    3, 16 L
T'ang-kia-tcha 4, 7 I

T'ang-kia-tchen 5, 16 R
T'ang-kia-tchoang
    3, 14 M ; 4, 7 J
T'ang-kia-tsi 8, 34 X
T'ang-kong-chan
    3, 19 K
T'ang-leou 8, 30 Y
T'ang-tan-kiang
    5, 10 P
T'ang-tchai 8, 32 W
T'ang-tchai-tchen
    6, 18 V
T'ang-tchoang 7, 22 U
T'ang-tien-tse 7, 20 V
T'ANG-TOAN 8, 29 Z
T'ang-tse-tchen 4, 12 N
T'ang-tsi 8, 30 X ;
    7, 23 S
T'ang-ts'iuen-tcben
    2, 21 I
T'ang-wan-tchen
    3, 13 K
T'ang-wei 5, 18 T
T'ang-wei-tse 7, 22 T
Tao-che-tchoang
    4, 9 K
Tao-i'any-k'iao 4, 12 I
Tao-tse-kieng 1, 5 B
T'ao-chan 8, 28 U
T'ao hong (*ou*)**-tchen**
    2, 20 G
T'ao-kia-tchai 7, 24 S
T'ao-kia-tchoang
    4, 7 K
T'ao-leou-tchai
    8, 30 V
T'ao-tchoang 2, 16 I
T'AO-YUEN 7, 19 S
Taong-ka-haong 1, 3 C
Taong-ka-tsen 4, 4 H
Tcha-k'iao-tchen
    2, 16 H
Tcha-tche 2, 16 I
Tcha-tchen 8, 28 W
Tch'a-ho 4, 7 K

Tch'a-ho-tchen 3, 20 K

Tch'a-kia-che 5, 11 O

Tch'a-k'cou-ts'uen
2, 15 E

Tch'ai-t'cou-tsuen
2, 14 H

Tch'ai-wan 4, 9 K

Tchang-chan-tse
7, 20 U

Tchang-hoang-kiang
4, 9 I

Tchang-ing-wei
7, 24 S

Tchang-keou 2, 18 F

Tchang-kia-ho
3, 14 K

Tchang-kia-tchoang
4, 9 J

Tchang-kia-tien 6, 15 U

Tchang-kia-tou 4, 6 I

Tchang-kiang-li
2, 14 H

Tchang-kiang-ts'uen
2, 16 E

Tchang-kuien
7, 22 W

Tchang-koan-tou
2, 15 I

Tchang-leou 8, 34 X

Tchang-miao 7, 22 S

Tchang-ou-leou 8, 32 Y

Tchang-sin-tchai
8, 31 U

Tchang-ta-t'oen
8, 32 V

Tchang-tchai 8, 32 U

Tchang-tchoang
4, 6 K ; 3, 18 K ;
4, 11 L , 7, 23 X

Tchang-tchou-tchen
2, 15 D

Tchang-tien-tchou
4, 12 K

Tchang-toen 5, 13 Q

Tchang-tse 7, 22 U

Tchang-tsi 6, 17 U ;
8, 28 U ; 8, 30 W ,
8, 31 Z ; 8, 33 Z

Tchang-wa 8, 29 Y

Tchang-wa-fang
7, 24 W

Tchang-wang-tchen
3, 15 K

Tchang-wei 5, 18 Q ;
7, 23 S ; 6, 18 U

Tchang-wei-tse
8, 31 Z

Tch'ang-cha 4, 5 K

Tch'ang-chan 2, 16 D ;
2, 18 E ; 3, 19 K

Tch'ang-lou-tchen
7, 20 D

Tch'ang-miao
8, 26 U ; 8, 29 Y

Tch'ang-ngan-k'iao
2, 14 G

Tch'ang-tang-hou
2, 15 F

TCH'ANG-TCHEOU
2, 13 G

Tch'ang-t'eou
2, 18 J

Tchao-keou 7, 22 S

Tchao-kia 4, 9 N

Tchao-kia-leou 8, 29 X

Tchao-kia-wei-tse
8, 27 V

Tchao-k'iuen 8, 32 W ;
8, 30 Y

Tchao-kong-k'iao
3, 13 K

Tchao-leou 8, 29 Y

Tchao-miao 8, 29 Y

Tchao-tai-tse 8, 29 W

Tchao-tchoang
7, 22 W ; 8, 33 Y

TCHAO-TOAN 8, 28 W ;
8, 28 X ; 8, 29 Y

Tchao-tsi 8, 32 Y

Tchao-wei-tse 7, 22 T

TCHAO-YANG-HOU
8, 29 Z

Tch'ao-k'iao 4, 7 K

Tch'ao-toen 4, 5 K

Tche-jen-kiang
5, 10 T

Tche-ts'ien-pao
2, 16 F

Tch'e-chan 2, 17 H

Tch'e-chan-hou 2, 17 H

Tché-louo-tchen
3, 16 M

Tché-tang-tchen
2, 19 G

Tch'é-chan
2, 18 H ; 7, 22 R

Tch'e-chan-hou
2, 18 H

Tch'é-k'iao 5, 16 R

Tch'é-lou-k'eou
8, 22 V

Tch'é-ma-hou 4, 8 J

Tch'é-tien 7, 23 T

TCHEN-KIANG 2, 16 J

Tchen-li-k'iao 2, 16 H

Tchen-ou-miao
3, 15 L

Tchen-t'ao-kiai 4, 8 I

Tchen-t'ong 4, 12 L

Tchen-wei 7, 22 R

Tch'en-che-ngan
5, 17 S

Tch'en-kia-k'an
5, 13 R

Tch'en-kia-keou
3, 16 K

Tch'en-kia-kiang
6, 12 V

Tch'en-kia-k'iao
3, 20 K

Tch'en-kia-tsi 3, 15 K ;
3, 18 K ; 5, 15 T

Tch'en-kia-yuen 4, 6 J

Tch'en-k'iao-tchoang
2, 20 J

Tch'en-leou 7, 22 W
Tch'en-lou-chan
   2, 18 F
Tch'en-pao-k'iao 3, 19 J
Tch'en-ta-k'eou 5, 13 O
Tch'en-tchoang
   8, 25 U ; 8, 29 W
   8, 31 W ;
Tch'en-tchai 8, 33 W
Tch'en-tsen 8, 27 T
Tch'en-tsi 8, 33 Y ;
   7, 19 V ; 7, 24 T ;
   7, 23 U ; 6, 18 W
Tch'en-wei
   7, 19 S ; 5, 17 T ;
   6, 18 V ; 7, 19 V
Tcheng-hing 7, 23 U
Tcheng-ki 7, 21 W
Tcheng-kia-k'eou
   5, 15 T
Tcheng-kiao-che
   2, 20 D
Tcheng-tchoang
   8, 35 X
Tcheng-tchoang-che
   2, 15 F
Tcheng-tong-wei
   4, 12 H
Tcheng-tsi 8, 29 W
Tcheng-wei 7, 24 U ;
   8, 25 U ; 7, 21 V ;
   7, 22 V
Tch'eng-kang-tse
   3, 20 K
Tch'eng-tchoang
   7, 24 U
Tch'eng-t'eou-tchen
   6, 17 Z
Tcheou-chan 2, 15 F
Tcheou-hou-tchoang
   4, 10 L
Tcheou-kia-miao
   7, 19 V
Tcheou-kia-wan 4, 8 I
Tcheou-men 5, 14 S

Tcheou-tcha 6, 13 V
Tcheou-tchai
   8, 31 U ; 8, 33 X ;
   8, 31 Y ; 8, 33 Y
Tcheou-tch'eng-tchen ·
   2, 16 E
Tcheou-tchoang
   3, 14 L ; 3, 15 N ;
   5, 16 Q ; 7, 19 V ;
   8, 25 V
Tcheou-tou 6, 14 U
Tcheou-wei 5, 18 Q ;
   6, 16 U ; 6, 17 U ;
   6, 17 U ; 6, 18 U ;
   6, 18 U ; 6, 17 Y
Tchoan-chan 7, 24 S
TCH'OAN-TCHANG-HO
   5, 11 R
Tch'oan-tchen-tchen
   7, 19 T
Tchoang-leou 7, 23 V
Tchoang-tchen-k'iao
   2, 15 H
Tchoang-tsi 5, 17 P
Tchong-fang-k'iao
   2, 16 D
Tchong-hing 7, 19 S .
Tchong-kia-tsi 3, 19 K
Tchong-pao-tchoang
   3, 13 N
Tchong-sieou-k'iao
   2, 15 G
Tchong-tcheng-tchen
   6, 15 W
Tchong-wang-k'iao
   8, 26 U
Tchong-wang-tchoang
   4, 12 M
Tchong-wei 6, 18 Y ;
   6, 15 Z'
Tchou-chan 2, 18 E
Tchou-kia-leou 7, 23 S
Tchou-kia-tcha
   6, 15 U
Tchou-kia-tei 3, 14 N

Tchou-kia-wan 8, 25 W
Tchou-kia-wei
   3, 14 K
Tchou-lan 8, 26 U
Tchou-leou 8, 30 Y
Tchou-lin-hou 7, 24 V
Tchou-lin-tchen
   2, 16 G
Tchou-men-tchen
   2, 20 G
Tchou-tche-k'iao
   2, 17 F
Tchou-tchen-tsi
   3, 20 L
Tchou-tchoang
   8, 26 W ; 8, 32 Y
Tchou-t'oen 8, 35 W ;
   8, 32 Y
Tchou-t'oen-wei
   7, 19 X
Tchou-tsi 5, 17 R ;
   7, 23 T ; 8, 34 Y
Tchou-wei 5, 18 S ;
   5, 18 T ; 7, 21 T
Tchou-yuen 8, 25 V ;
   7, 23 Y
Té-cheng-hou 3, 13 M
T'ò-zch-ghiao 1, 3 C
T'eh-liò-tsen 4, 5 H
Teng-fou-chan
   2, 20 H
Teng-leou 8, 26 V
T'eng-tchoang 2, 22 H
Tcou-hou-tien 8, 29 Y
Teou-keou-lin
   6, 16 Z'
Teou-long-kiang
   5, 10 O
T'eou-kiang 5, 11 T
T'eou-k'iao 7, 23 X
T'eou-kia-song-chan
   2, 21 I
T'eou-kiu-fan 5, 16 T
T'eou-p'ou 5, 18 R
T'eou-wan 7, 22 U

T'eou-wei 7, 23 W
Teu-deû-kaong 4, 9 H
Teu-sè 1, 10 G
Ti-kieou-chan 7, 20 V
T'i-jen-tsi 7, 20 R
Tiang t'eou, *cf. Tsiang-t'eou* 7, 21 V
Tiao-ghipo 1, 5 D
Tiao-yu-miao 3, 13 N
Tiao-zé 1, 5 A
T'lé-hieng-tsen 4, 3 H
T'lé-nieou-tchen 6, 15 U
T'ié-pa-tien 3, 17 K
T'lé-pou-tsen 4, 6 H
T'lé-tse-daong 1, 7 E
Tien-hou 5, 14 S; 7, 21 V; 7, 20 W
Tien-tcheng-tsi 7, 24 U
T'ien-cheng-kiang 4, 10 H, 4, 8 I
T'ien-li-ts'uen 2, 15 H
T'icn-sing-k'iao 2, 13 I
T'ien-t'ai-chan 2, 18 E
T'ien-tsi-miao 7, 22 X
T'ien-waong-che 2, 17 G
Ting-chan 2, 18 E
Ting-chan-k'iao 2, 16 E
Ting-fang-k'iao 2, 20 G
Ting-ka 1, 4 B
Ting-k'i-tchen 4, 10 M
Ting-kia-miao 2, 22 H
Ting-kia-pao 4, 10 J
Ting-kia-souo 4, 8 K
Ting-kia-tchoang 4, 5 K
Ting-kia-tsoei 7, 19 S
Ting-k'iao 2, 15 G
Ting-kien-tien 4, 7 I

Ting-lan-tsi 8, 32 Y
Ting-ling-tchen 2, 16 H
Ting-pou 2, 18 D
Ting-sin-souo 1, 3 E
Ting-tch'ang 7, 22 W
Ting-tchoang 2, 15 G; 8, 31 Y
Ting-tsi 5, 17 S; 6, 17 V
Ting-yang-tsi 8, 35 W
Ting-yé-tsen 2, 13 G
Ting-yen 4, 8 K
Ting-wei 7, 22 S
T'ing-t'ai-tsi 8, 31 Y
T'ing-tou-k'iao 5, 14 Q
T'ing-tse-kiang 5, 14 R
To-yu, cf. Doh-yu 1, 6 B
To-yu-li, cf. Tou-yu-li 1, 12 G
Toan-chan-wa 2, 21 H
Toan-chang-ts'uen 2, 15 H
Toei-lai-tsi 3, 17 K
Tong-ché-tchen 4, 5 I
Tong-choang-k'iao 4, 11 I
Tong-dang 2, 17 E
Tong-fou-tchen 4, 11 M
TONG-HAI 6, 16 W
Tong-hing-souo 4, 9 H
Tong-hieng tsen 4, 2 G
Tong-ho-ts'uen 8, 30 Z
Tong-hou 7, 24 U
Tong-i-hao 4, 2 G
Tong-k'an 5, 13 S
Tong-keou-tchen 3, 19 J; 3, 14 M; 5, 14 R
Tong-k'eû 1, 3 D

Tong-kia-ché 2, 16 F
Tong-kia-tien 4, 5 J
Tong-kia-tou 3, 13 L
Tong-k'ieû 2, 13 E
Tong-k'iu-tsen 2, 15 E
Tong-kiun-tsi 7, 24 S
Tong-ko-tchen 2, 21 J
Tong-koan-tchen 6, 15 Y
Tong-lcou-che 2, 19 I
Tong-li, *cf.* **Dong-li** 1, 8 C
Tong-lien-tao 6, 13 X
Tong-lin-paong 1, 5 B
Tong-lou-chan 2, 18 F
Tong-ming-ts'uen 8, 30 Z
Tong-pang 1, 5 B; 1, 7 F
Tong-pèh-tsao 1, 2 C
Tong-pien-tchen 3, 13 L
Tong-p'ing-chen 8, 26 U
Tong-sin-tchen 6, 14 W
Tong-sin-tsen 4, 2 G; 4, 2 H
Tong-souo, cf. Tong-ché-tchen 4, 5 I
Tong-ta-t'ing 2, 16 G
TONG-T'AI 4, 10 M
Tong-t'ang-k'iao 2, 17 F
Tong-tchai-keou 3, 14 N
Tong-tch'ang-che 2, 17 I
Tong-tch'en 4, 8 K
Tong-tch'eng-tien 8, 31 V
Tong-ting-koan-t'oen 8, 30 Z
Tong-ting-sè 1, 11 C
Tong-tsaong-tsen 4, 2 H

Tong-waong 1, 5 C
Tong-wei 1, 4 C
Tong-yu-tsen 4, 4 I
Tong-zen 1, 4 C
T'ONG-CHAN 8, 27 V
T'ong-chan 2, 19 E ;
   3, 20 G ; 3, 18 K
T'ong-choen-tsi
   3, 17 K
T'ong-gneu-tsen
   4, 5 H ; 4, 4 I
T'ong-hai-tsen 4, 6 H
T'ong-hieng-tsen
   4, 2 H
T'ong-ing 5, 15 S
T'ong-kiang-tsi 2, 19 J
T'ong-sou-tsi 8, 31 U
T'ong-tsi-ghiao 4, 4 H
T'ONG-TCHEOU 4, 7 I
T'ong-tsing-tchen
   2, 21 G
Tou-chan 3, 20 J
Tou-ka-haong 1, 4 C
Tou-kia-chan 2, 14 D
Tou-kia-ts'uen 3 20 G
Tou-leou-tse 7, 22 V
Tou-liang-ding, cf.
Dou-liang-ding 1, 4 A
Tou-se 1, 5 F
Tou-song 1, 6 F
Tou-tchoang 8, 27 U
Tou-tchou-tchen
   2, 17 D
Tou-t'eou-che 2, 16 F
Tou-t'ien-miao 3, 15 J
Tou-tsen 1, 6 D
Tou-wei 6, 14 U
Tou-yu-li 1, 12 G
T'ou-chan 2, 18 E ;
   2, 16 F
T'ou-chan 7, 23 V
T'ou-chan-tchen
   2, 19 II
T'ou-k'iao-tchen
   2, 18 H

Touo-fong-tchen
   6, 18 X
Touo-ka-toen 5, 10 Q
Touo-louo-ieou
   7, 22 U
Toussaint 1, 3 F ;
   4, 6 J
Trinité 1, 2 F ; 4, 3 I
Ts'a-ka 1, 2 C
Ts'a-ka-pang 1, 5 C
Ts'a-ka-wè 1, 5 C
Ts'ai-kia-miao 5, 13 P
Ts'ai-kia-tchoang
   4, 8 K
Ts'ai-k'iao 5, 12 T
Ts'ai-nan-ts'ang
   5, 13 P
Ts'ai-tchoang 4, 11 K
Ts'ai-tsi 8, 31 Y
Tsang-hing-tsen
   1, 2 G
Tsang-ka 1, 4 C ;
   1, 3 D
Tsang-ka-leû 1, 3 D
Tsang-ka-tsen 1, 5 D ;
   4, 5 H
Tsang-kaong-ghiao
   2, 15 F
Tsang-kieng 1, 6 F
Tsang-kieng-ghiao
   1, 10 F
Tsang-kieng-tsen
   1, 10 G
Tsang-k'ieng 4, 10 H
Tsang-lié-daong 1, 6 C
Tsang-p'oh-ghiao
   1, 5 C
Tsang-pou 1, 7 D
Tsang-sa-tsen 1, 12 F
Tsang-tse-sè 4, 6 H
Tsang-yé 1, 5 A
Tsang-yen-souo 4, 9 I
Tsang-zah-ghiao
   2, 13 E
Tsang-zéh 1, 5 B

Ts'ang-hieng-tsen
   1, 2 G
Ts'ang-ki-tchen
   2, 20 D
Ts'ang-kia-tsi 7, 19 S
Ts'ang-koh 4, 3 H
Tsao-chuang 8, 28 T
Tsao-ho 7, 22 T
Tsao-ho-tchoang
   3, 15 N
Tsao-hou-tch'eng-
   tchoang 3, 13 N
Tsao-lin-sé 2, 15 D
Tsao-yé-pang 1, 5 B
Tsao-hiai-chan 2, 18 E
Ts'ao-kia-leou 4, 7 L
Ts'ao-kia-pou 4, 6 J
Ts'ao-kia-tsoei 7, 19 Q
Ts'ao-miao 8, 29 Y
Ts'ao-t'ang-che
   2, 19 C
Ts'ao-tchoang 8, 30 Z
Ts'ao-tien 5, 16 P
Ts'ao-tsi 7, 20 T
Ts'ao-ts'uen 2, 19 G
Ts'ao-wang-chan
   3, 19 K
Ts'ao-wei 7, 22 W
Ts'ao-yen-che 4, 10 M
Tsaong-ka 1, 3 B
Tsaong-ka-ghiao 1, 3 B
Tsaong-ka-haong
   1, 4 B
Tse-dang 1, 7 F
Tse-dieh-tsen 1, 5 D
Tse-fang 3, 26 W
Tse-hang 1, 7 C
Tse-ka-sah 1, 6 B
Tse-sè 1, 11 C
Tse-tong (wei) 1, 5 B
Ts'e-bang-tsen 4, 3 H
Ts'è-wen-ze 4, 10 H
Ts'é-bou-tsen 2, 14 D
Ts'é-hong-kaong
   4, 3 G

Ts'é-kaong 4, 9 H
Ts'é-kaong-tsen 4, 6 H
TS'É-SOUO 1, 2 D
Ts'é-souo tsen 1, 4 E
Tsen-men miao 1, 7 F
Tsen-zeh-tsen 1, 10 C
Tsen-zu 1, 4 D
Tseng-houo 1, 11 C
Ts'eng-tchoang 3, 20 L
Tseou-chan 6, 14 X
Tseû-haong 1, 7 D
Tseû-hieng-tsen 1, 8 F
Tseû-ka 1, 2 C, 1, 3 D
Tseû-ka-long 1, 3 B
Tseû-ka-wè 4, 2 I
Tseû-ling-ka 1, 3 E
Tseû-mô-daong 2, 13 F
Tseû-p'ou 1, 3 C
Tseû-sin-tsen 1, 8 F
Tseû-ti'é-ghiao 2, 13 E
Tseû-tsaong 1, 8 C; 4, 10 H
Tseû-ze 1, 7 E
Tsi-chan 8, 30 X
Tsi-kia-ho 6, 17 W
Tsi-kia-keou 7, 21 V
Tsi-l 7, 21 S
Tsi-tsen 7, 22 X
Tsi-yé-ghiao 1, 3 D
Ts'i-ho-k'eou 7, 21 T
Ts'i-kia-ieou 7, 24 T
Ts'i-li-hou 3, 16 M
Ts'i-li-tchen 4, 6 J
Ts'i-li-tien 7, 20 K
Ts'i-miao 8, 32 Z
Ts'i-p'ou 8, 30 Y
Ts'i-t'ao-tsi 5, 12 T
Tsi-toan 8, 28 X
Tsiang-chan 2, 19 C
Tsiang-chou-tchen 2, 14 G
Tsiang-hoa-k'iao 4, 12 I

Tsiang-ka 1, 5 A; 1, 4 B; 1, 4 C
Tsiang-ka-tsen 1, 10 H
Tsiang leou 8, 34 W
Tsiang-ngan-tang 5, 17 R
Tsiang-t'ang 2, 17 D
Tsiang-t'eou 7, 21 V
Tsiang-touo-tchen 4, 11 J
Tsiang-tsaong 1, 5 A
Tsiang-tsi 5, 18 R; 8, 30 X
Tsiang-wei 5, 17 S; 6, 18 V
Tsiao-sè 1, 11 G
Tsiao-teng-paong 1, 5 C
Tsiao-tchoang 4, 9 J
Tsié-tong-teng 1, 3 B
Ts'lé-kieng-yeng 1, 5 F
Ts'ie-k'ou-tsi 8, 29 T
Ts'lé-teng 1, 7 D
Tsieh-sè 4, 10 H
Ts'ien-chan 2, 18 E
Ts'ien-k'i-ts'uen 2, 16 G
Ts'ien-kia-miao 2, 14 I
Ts'ien-kia-p'ou 2, 18 E
Ts'ien-kia-tché 7, 21 U
Ts'ien-kia-tsi 5, 17 T
Ts'ien-kia-wan 3, 16 J
Ts'ien-kou-che 2, 16 I
Ts'ien-lou-toan 8, 28 X
Ts'ien-mien-chan 2, 20 G
Ts'ien-pa-toan 8, 28 X
Ts'ien-tchao-leou 8, 33 X
Ts'ien-tse-tang 2, 15 G
Ts'ien-tsi 7, 22 T
Ts'ien-wei 5, 17 T
Ts'ien-yuen 4, 6 K
Ts'ieou-yu-ko 3, 15 L

Ts'ih-faong-ghiao 2, 13 G
Ts'ih-kaong-deû 4, 7 H
Ts'ih-pao 1, 4 C
Ts'ih-tsao 1, 2 C
Ts'ih-tse-sè 1, 9 D
Ts'ih-zu-yé 1, 12 G
Tsin-se-kang 1, 6 E
Tsin-t'ai-chan 2, 14 D
Ts'in-wei 6, 16 U; 6, 16 U; 6, 15 Z
TSING-KIANG 4, 11 I
Ts'ing-chan 2, 21 J
Ts'ing-chan-k'iao 8, 26 W
Ts'ing-chan-ni 3, 18 J
Ts'ing-hong-chan 2, 18 F
Ts'ing-houo-tchen 6, 17 Y
Ts'ing-i-hou 6, 17 V
Ts'ing-k'eou 6, 16 Y
TS'ING-KIANG-P'OU 5, 18 R
Ts'ing-kiu-keou 5, 15 Q
Ts'ing-long-kaong 4, 5 H
Ts'ing-long-k'iao 2, 14 G
Ts'ing-long-tcha 5, 15 Q
Ts'ing-long-tchen 4, 10 I; 3, 21 K
Ts'ing-long-ti 5, 11 O
Ts'ing-p'ing 4, 10 K
TS'ING-P'OU 1, 6 C
Ts'ing-p'ou-tchoang 4, 11 L
Ts'ing-sè 4, 11 H
Ts'ing-tchen 6, 16 Y
Ts'ing-ts'uen-tchen 2, 18 H

Ts'ing-yang 1, 11 G
Ts'iu-tchen 4, 5 K
Ts'iuen-leou 8, 30 W
Tso-dang 1, 10 G
Tso-fang 1, 8 D
Ts'oei-ho 5, 16 Q
Ts'oei-lao-kia 8, 33 Y
Ts'oei-tcbai 8, 29 X
Ts'oei-tchoang 7, 24 X
Ts'oei-touo-tchen
 3, 14 N
Tsong-ghiao 1, 5 B
Tsong-hieng 1, 2 F
Tsong-kieng 1, 5 C
Tsong-kiong 1, 2 D
Tsong-li-tchoang
 8, 31 Y-
Tsong-sin-ghiao 1, 4 C
Tsong-t'ong-hai 4, 6 H
Tsong-tseû 1, 5 D
Tsong-yang-tsen 4, 2 H
Ts'ong-hai-tsen 4, 4 H
TS'ONG-MING 1, 4 F
Ts'ong-ming 1, 2 D
Tsou-t'ang-chan
 2, 20 H
Tsouo-keû-deû 1, 3 D
Tsouo-lin 1, 4 A
Tsouo-men 1, 2 D
Tsow-wu 8, 26 Z'
Tsu-ka 1, 4 C ; 1, 2 D
Tsu-ka-daong 1, 4 C
Tsu-ka-ghiao 1, 2 E
Tsu-ka-koh 1, 6 C
Tsu-ka-teng 1, 3 F
Tsu-ka-tsen 1, 6 C
Tsu-ka-za 1, 4 D
Tsu-kieng 1, 6 B
Tsung-ming Banks 1, 1 F
Tung-sha Banks 1, 1 D

V
Vè-long-tsen 1, 4 F
Vé-ven-sè 1, 10 D
Villages des poteries
 2, 14 D

Ville tartare (NAN-
 KING) 2, 20 I
Visitation 1, 2 F ;
 4, 2 H
Vo-ze-hao 1, 2 D
Vong-ka-ghiao 1, 3 D
Vong-ka-so 1, 5 D
VONG-YÉ 1, 3 B

W
Wa-ka-paong 1, 5 C
Wa-yao 3, 16 K ;
 7, 21 W
Wan-chan 2, 18 F ;
 6, 17 V
Wan-cheng-k'iao
 2, 17 E
Wan-kia-che 2, 14 H
Wan-kia-hia 4, 10 K
Wan-leou 8, 30 X
Wan-li-ts'uen 2, 16 E
Wan-t'eou 3, 16 K
Wan-t'eou-chan
 2, 20 G
Wan-tse-li 5, 18 Q
Wan-yuen-tchoang
 2, 15 G
Wang-daong 1, 5 C,
 1, 9 D
Wang-hou 7, 20 V
Wang-ing-wei 5, 17 R
Wang-kaong 1, 5 A
Wang-kia-chan
 2, 15 D
Wang-kia-ma-t'eou
 5, 18 Q
Wang-kia-t'an 5, 11 T
Wang-kia-t'ang 7, 22 X
Wang-kia-tchoang
 4, 7 L
Wang-kieng 1, 9 D ;
 1, 6 F , 1, 8 F
Wang-ko 8, 33 W
Wang-koan-tsi
 7, 22 T

Wang-leou 8, 33 X ;
 8, 28 W ; 7, 22 V
Wang-li-tchen 2, 15 F
Wang-li-tsi 8, 29 X
Wang-lien-k'iao
 2, 15 H
Wang-lin 7, 23 S
Wang-lin-tchoang
 7, 24 X
Wang-mié 1, 3 C
Wang-sè 1, 9 C ;
 1, 9 D
Wang-souo 1, 1 D
Wang-tan-leou
 8, 32 V
Wang-tcha-k'eou
 8, 28 V
Wang-tchai 8, 30 U ;
 8 32 Y
Wang-tchoang
 5, 14 R ; 7, 22 V ;
 7, 22 U ; 7, 24 V
Wang-tchoang-tchai
 8, 31 Z
Wang-tien 8, 30 Y
WANG-TOAN 8, 29 Y
 8, 30 Z'
Wang-t'oen 8, 32 X
Wang-tsi 5, 18 S ;
 5, 16 T ; 6, 15 V
Wang-ts'ien-tsi 8, 31 V
Wang-wei 7, 19 R ;
 7, 24 T ; 6, 16 U ;
 7, 22 W ; 6, 18 X
Wang-uei-tse 7, 22 S
Wang-yun-sè 1, 6 C
Waong-bou-ghiao
 2, 13 E
Waong-di 1, 9 E
Waong-dou 1, 5 D
Waong-gni-kieng
 1, 6 B
Waong-ka 1, 4 B ;
 1, 5 B ; 1, 4 C ; 1, 3 D ;
 1, 4 E

Waong-ka-ba-leû
  1, 5 E
Waong-ka-koh 1, 2 D
Waong-lin-teng 1, 3 B
WAONG-P'OU 1, 3 E
Waong-sè 4, 11 H
Waong-sing-sè 4, 10 H
Waong-souo, cf.
  Wang-souo 1, 1 D
Waong-souo-tsen
  4, 5 H
Waong-tèh 4, 12 H
Waong-tsao-hou 4, 4 I
Waong-tsaong-tsen
  1, 2 G
Waong-tse-ka-za
  1, 3 D
Waong-zeng 1, 8 F
Wè-wei 7, 24 W
Wei-chan 7, 24 S ;
  6, 18 Y ; 8, 28 Y
WEI-CHAN-HOU 8, 27 Y
Wei-deû-ze 2, 13 G
Wei-eu-tsen 1, 2 G
Wei-gneu 4, 5 I
Wei-hieng-tsen 1, 2 G
Wei-kong 7, 22 T
Wei-long-tsen 1, 2 G
Wei-ngan-ts'uen
  2, 20 H
Wei-ou-tsen 4, 1 H
Wei-sè-ten 1, 11 F
Wei-tchai 8, 30 U ;
  8, 32 W ; 8, 30 Z ;
Wei-tchoang 7, 21 V
Wei-t'ong-ghiao
  4, 5 H
Wei-tsi 7, 23 T ; 8, 26 V
Wei-ts'uen-che 2, 13 H
Wen-tchai 8, 31 Z
Wen-wei 6, 18 V
Wi-ding 1, 8 E
Wong-ka 1, 3 C
Wong-kia-t'ang
  4, 6 K

Wong-waong-ghiao
  4, 4 H
Wong-waong-sè
  1, 5 C
Wou-ghiao 1, 4 B
Wou-ghiao-tsen 2, 14 E
Wou-héh-tsen 4, 1 H ;
  4, 3 H
Wou-ka-ghiao 1, 4 A
Wou-ka-pang 1, 5 C
Wou-ka-za 1, 4 D
Wou-ka-ze 1, 6 F
Wou-laong 1, 2 F ;
  1, 3 B
WOU-SIEH 1, 11 F
WOU-TSIN 2, 13 G
Wou-yang-sè 1, 9 G

Y

Ya-chan 3, 19 L
Ya-tang 1, 9 G
Yang-chou-chan
  2, 17 E
Yang-chou-pa 3, 17 K
Yang-haong 1, 5 E
Yang-ho-tchen 7, 20 S
Yang-hoa-k'iao 4, 8 J
Yang-hong-gnang
  1, 11 F
Yang-ka 1, 5 C ;
  1, 3 D
Yang-ka-dié 1, 8 D
Yang-ka-ghiao 1, 9 D ;
  4, 2 H
Yang-ka-tsen 1, 5 E
Yang-ka-tsouo 1, 4 D
Yang-kaong 2, 13 F
Yang-kaong-tsen
  2, 15 F
Yang-kia-chan
  2, 15 F
Yang-kia-k'iao
  2, 17 E
Yang-kia-miao
  3, 17 K ; 5, 17 Q

Yang-kia-tchoang
  3, 15 L
Yang-kia-tsi 2, 22 I ;
  6, 14 V
Yang-k'iao 5, 16 Q
Yang-kieng 1, 5 B ;
  1, 3 D
Yang-koan-t'oen 8, 30 Z
Yang-leou 8, 33 Z ;
  8, 30 W
Yang-lieû-paong
  1, 6 B
Yang-mao-chan
  2, 18 G
Yang-mei-chan
  2, 14 D
Yang-ngan-kiang 4, 5 J ;
Yang-ngan-tche
  3, 16 N
Yang-nien-k'iao
  5, 15 Q
Yang-se-ghiao 1, 7 F
Yang-siuen-tchoang
  5, 12 O
Yang-sê 4, 9 H
Yang-tcha 6, 14 V
Yang-tchai 5, 14 S
Yang-tch'ang-tchen
  5, 16 Q
YANG-TCHEOU 3, 16 K
Yang-tchoang-se
  7, 22 Y
Yang-tchoang-tsi
  8, 27 T
YANG-TCHONG 2, 13 J
Yang-tien-che 2, 15 D
Yang-ting-tsen
  1, 10 F
YANG-TSE 3, 18 J
Yang-tse-k'iao
  3, 16 J ; 6, 14 W
YANG-TSE-KIANG
  1, 5 F ; 1, 18 J
Yang-tsi 7, 22 T
Yang-ts'uen 7, 19 X

Yang-wa-fang 7, 22 S
Yang-waong 1, 4 B
Yang-wei 6, 16 U ;
7, 22 W ; 7, 23 W
Yang-ze-ghiao 4, 11 H
Yang-ze-yeu 1, 12 F
Yang-ze-yu 1, 6 D
Yao-houo-tsen 4, 12 H
Yao-ka 1, 5 C
Yao-kia-kiang 5, 13 S
Yao-kia-k'iao 2, 14 I
Yao-kia-tchoang
4, 8 K
Yao-kia-yuen 4, 8 J
Yao-kiang-tchen
4, 7 H
Yao-lou 1, 2 C
Yao-t'ang-che 2, 15 G
Yao-tchoang 2, 16, I ;
5, 14 P ; 7, 22 X
Yao-t'eou-ho 5, 15 R
Yao-wan 7, 22 W
Yao-waong-kiang 4, 4 J
Yao-wè 1, 4 D
Yé-ghiao 1, 11 F
Yé-long-tsen 1, 2 E,
4, 2 H
Yé-sè 1, 11 D
Yé-tchoang 7, 24 U
Yé-tse-hou 1, 8 C
Yeh-ka 1, 3 C
Y'éh-zia 1, 5 B
Yen-ho 5, 15 T ;
6, 15 V ; 8, 29 Y
Yen-ho-t'cou 8, 29 Y
Yen-sih-toen 2, 13 F
YEN-TCH'ENG 5, 12 Q
Yen-tchoang 5, 14 Q ;
8, 25 V ; 7, 22 V
Yen-t'eou 7, 21 V
Yen-t'eou-tchen 2, 13 I
Yen-tié-tsen 2, 13 F
Yen-tien 8, 30 W
Yen-ts'ang-tchen
6, 15 Z

Yen-tsi 7, 19 V ;
7, 23 X
Yen-zen-ghiao 1, 11 G
Yeng-haong 1, 3 D
Yeou-fang-k'iao
2, 16 H
Yeou-kia-tchoang
4, 7 K
Yeou-lou-chan 7, 22 Y
Yeou-tchoang 3, 15 N
Yeu-daong-hou 1, 6 C
Yeu-ka-ghiao 4, 6 H
Yeu-kong-sou 4, 6 H
Yeu-tsao-kaong 4, 6 I
Yeu-wou-tsen 4, 2 H
Yeu-yeu-souo 1, 2 E
Yeu-yeû-miao 1, 6 C
Yeuh-hieng-tsen
4, 2 H
Yeuh-lai-tsen 4, 3 H
Yeuh-pou 1, 4 E
Yng-se 1, 11 D ;
1, 10 E
Yo-tchoang 8, 34 X
Yong-fong-tchen 3, 19 N
Yong-fong-tsi 8, 32 V
Yong-hieng-tsen 4, 7 H
Yong-hing-ghiao
2, 14 E
Yong-hing-tsi 5, 18 Q
Yong-haong-tsen
1, 11 F
Yong-keou 8, 28 W
Yong-lo-k'iao 4, 9 I
Yong-long-k'iao
2, 14 G
Yong-long-tsen 1, 3 G
Yong-ngan-tchen
3, 15 L
Yong-ts'ang-tsen
1, 2 G
Yong-hou-tsen 1, 2 G
Yu-chan 6, 18 Y
Yu-choen-tsi 5, 14 T ;
6, 13 U

Yu-fan-kiang 5, 11 S
Yu-gni-ghiao 4, 5 I
Yu-hang 8, 31 Z
Yu-hing-tchen 3, 13 K
Yu-ka 1, 4 B
Yu-ka-haong 1, 4 C
Yu-ka-tié 4, 4 I
Yu-keou-tchen 5, 18 S
Yu-kia 7, 22 X
Yu-kia-kiang 6, 11 V
Yu-kia-ts'uen 8, 29 Z
Yu-kia-wan 7, 21 H
Yu-koh-tsen 1, 3 G ;
4, 5 H
Yu-long-ghiao 2, 14 F
Yu-p'in-ho 5, 15 R
Yu-si 4, 5 I
Yu-siu 7, 23 X
Yu-t'ang-che 2, 13 H
YU-T'AI 8, 33 Z
Yu-t'ang 8, 32 Z'
Yu-t'eou 7, 22 V
Yu-tien 8, 34 W
YU-TOAN 8, 28 X
Yu-tong 4, 4 I
Yu-tsong-ka 4, 5 I
Yu-waong 4, 12 H
Yu-wei 7, 22 X
Yu-yao-tchen
2, 17 H
Yué-t'ang-tsi 3, 18 K
Yuen-chan 8, 26 V
Yuen-chan-tchou
2, 20 H
Yuen-k'i-tchen 3, 13 L
Yuen-kia-lin 7, 21 V
Yuen-kia-tchoang
4, 4 K ; 7, 23 T
Yuen-kia-toen 4, 9 N
Yuen-tchai 8, 33 Z
Yuen-t'ong 7, 19 V
Yuen-wei 5, 18 R
Yuen-wei-tse 8, 30 X
YUN-HO 5, 17 T ;
8, 28 Y

Yun-t'ai-chan 2, 20 G; 4, 8 I; 6, 15 X
Yun-ts'en-ze 2, 13 F

Z

Zah-ba 1, 7 F
Zah-deû-souo 1, 3 E
Zah-deû-souo (Siao) 1, 3 E
Zah-dong-k'eû 1, 4 E
Zah-hou 1, 9 D
Zah-ka-bou 2, 14 E
Zah-ka-ghiao 1, 2 C
Zah-kaong, cf. **Che-kiang** 4, 6 J
Zah-kaong-men 1, 5 E
Zah-long-sè 2, 14 E
Zah-mo-deû 1, 10 D
Zah-p'ou 1, 6 D
Zah-sin-ghiao 1, 11 F
Zah-ts'aong-ghiao 2, 13 H
Zah-wou-daong 1, 6 B
Zang-hieng-tsen 4, 4 H
Zang-ka-tai 1, 6 B
Zang-kieu-tsen 4, 4 H
Zang-lo-tsen 4, 4 H
Zang-ming-tié 1, 7 D
Zang-sè 4, 10 H
Zang-sô-sè 1, 10 D
Zang-tsen-tsen 4, 4 H
Zang-vong, cf. *Saong-vong* 1, 6 F

Zang-yu-souo 4, 9 H
ZANG-ZÔH 1, 8 F
Zao-ghiao-tsen 2, 13 F
Zao-ka 1, 2 B
Zao-ka-dou 1, 4 D
Zao-ka-tsen 4, 1 H
Zao-wou-kieng 1, 4 C
Zao-yang-tsen 4, 1 H; 4, 5 I
Zaong-hou 1, 9 F
ZAONG-HAI, cf. *Chang-hai* 1, 4 D
Zaong-tié-tsen 2, 13 G
Ze-ki-wei 1, 6 B
Zeh-daong 1, 6 F
Zeh-gni 1, 7 E
Zéh-kèh 4, 3 I
Zôh-li-ba 2, 14 E
Zéh-pèh-wè 1, 2 D
Zéh-sè-pao 1, 5 B
Zéh-ze-yang 1, 3 B
Zen-daong-ze 1, 9 F
Zen-dou-ghiao 2, 15 E
Zen-ka-haong 1, 4 D; 1, 4 C
Zen-ka-tsen 1, 1 F
Zen-ka-wè 1, 6 B
Zen-moh 1, 7 D
Zen-sè 1, 6 C
Zen-zu 1, 9 G
Zeng-dou-ghiao 1, 12 G
Zeng-ghiao 1, 5 E

Zeng-gni, cf. *Zeh gni* 1, 7 E
Zeng-hou 1, 8 D
Zeng-ka 1, 3 D
Zeng-ka-wè 1, 2 B
Zeng-sa-tsong 1, 11 G
Zeng-zah ou *zeng-zeh* 1, 9 B
Zi-ka 1, 4 C
Zi-ka-lou 1, 2 D
Zi-ka-wei 1, 4 D
Zi-sô-ze 2, 15 E
Zi-wè 1, 8 F
Zia-daong 1, 8 D
Zia-ka-ghiao 1, 8 G
Ziang-fou 1, 8 F
Zié-ka 1, 3 D
Zié-men-daong 1, 6 E
Zié-waong-tsen 2, 13 F
Zié-zu-ghiao 2, 13 G
Zin-dié 4, 1 H
Zin-ka 1, 3 C
Zô-sè 1, 5 C
Zôh-sè 2, 13 D
Zôh-sè-tsen 2, 14 D
Zouo-sè 1, 5 A
Zu-long-tsen 4, 2 H
Zu-sing-tsen 4, 2 H
Zu-ts'en-ghiao 2, 13 G
Zu-yang-tsen 4, 1 H
Zu-zao-dou 1, 4 B